BARON DE SCHŒN

ANCIEN AMBASSADEUR D'ALLEMAGNE A PARIS

MÉMOIRES

(1900-1914)

Traduit de l'allemand

par

LOUIS ARNOLD

Préface de JACQUES BAINVILLE

PARIS

LIBRAIRIE PLON

PLON-NOURRIT ET Cie, IMPRIMEURS-ÉDITEURS

8, RUE GARANCIÈRE - 6^e

Tous droits réservés

11e édition

MÉMOIRES
DU
BARON DE SCHŒN

*Il a été tiré de cet ouvrage
15 exemplaires sur papier pur fil des papeteries Prioux,
numérotés de 1 à 15.*

Ce volume a été déposé au ministère de l'intérieur en 1922.

BARON DE SCHOEN
ANCIEN AMBASSADEUR D'ALLEMAGNE A PARIS

MÉMOIRES

(1900-1914)

Traduit de l'allemand
par
LOUIS ARNOLD

Préface de JACQUES BAINVILLE

PARIS
LIBRAIRIE PLON
PLON-NOURRIT ET Cie, IMPRIMEURS-ÉDITEURS
8, RUE GARANCIÈRE - 6^e

*Les Mémoires qu'on va lire se composent,
en majeure partie, de courtes notes écrites
sous la dictée des événements, au fur et à
mesure de l'actualité. Des faits déjà connus
se trouveront ainsi mêlés, dans cet exposé
documentaire, à ceux qui en forment l'intérêt
essentiel, par cette raison qu'ils s'y rattachent
logiquement. Si j'ai quelque peu tardé à pu-
blier ces Souvenirs, c'est que j'ai été retenu,
d'abord par le légitime souci de laisser la
priorité à ceux qui avaient à révéler des choses
peut-être plus importantes et d'un attrait plus
pressant, ensuite par l'idée qu'il convenait de
donner au temps le soin d'apaiser les esprits
et de leur permettre de juger l'histoire d'hier
avec une entière sérénité.*

L'AUTEUR.

a

PRÉFACE

« M. de Schœn s'est rendu au quai d'Orsay… M. de Schœn a demandé ses passeports… M. de Schœn a quitté Paris à 10 heures 15… » Ces quelques lignes, empruntées à la « manchette » des journaux, au commencement du mois d'août 1914, étaient comme le prologue du vaste drame qui n'est pas encore terminé. Les grands événements historiques ont ainsi un commencement banal, comme ils ont des instruments souvent assez ordinaires. Et le nom de M. de Schœn, ambassadeur d'Allemagne à Paris au moment de la déclaration de guerre, restera toujours lié dans nos souvenirs aux heures tragiques de l'agression.

M. de Schœn ne s'était pas destiné de tout temps à la diplomatie. A l'âge où l'on choisit une carrière, il avait l'intention de se consacrer à l'agriculture. La guerre de 1870 survint. Il s'engagea. La guerre finie, il resta dans l'armée. Le poste d'attaché militaire à l'ambassade de Madrid, pour lequel on le désigna peu après, lui révéla sa vocation. Il y eut la révélation « d'un monde plus vaste, plus intéressant que celui que l'on aperçoit d'une cour de caserne ou de la place d'exercice ». Quand on lui proposa d'entrer au service diplomatique, il n'hésita pas. Il devait y monter en grade avec une régularité bureaucratique.

Il faut se souvenir de ces débuts pour connaître et juger le baron de Schœn. Il a été diplomate comme il avait été officier de hussards, comme il aurait été agriculteur si la guerre de 1870 n'avait dérangé ses projets. Ce n'est pas un diplomate né, de ceux dont l'esprit est fait pour la politique. C'est un fonctionnaire exact, diligent, et assez adroit. Il excellait particulièrement, dans des circonstances délicates, à faire naître la cordialité. En 1890, quand il n'était encore que conseiller d'ambassade à Paris, il fut de ceux qui contribuèrent à rompre l'isolement où la société parisienne tenait, depuis 1871, les membres de l'ambassade d'Allemagne. Vingt-quatre ans plus tard, c'est encore lui qui fût le premier ambassadeur allemand dont un président de la République accepta d'être l'hôte : en février 1914, donnant une fête à l'ambassade de la rue de Lille, M. de Schœn invita M. Poincaré qui ne refusa pas de s'y rendre.

Le 3 août suivant, M. de Schœn transmettait au gouvernement français, représenté par M. Viviani, la déclaration de guerre de l'Allemagne.

L'intérêt des *Mémoires* dont on va pouvoir lire la traduction est là. Ils contiennent un récit des origines de la guerre et ce récit, c'est un des acteurs du drame qui l'a écrit. Mais est-ce bien acteur qu'il faut dire? Par la nature de son esprit, M. de Schœn n'était pas de ceux qui dirigent les événements. Il faut ajouter qu'il ne jugeait pas que tel fût son rôle. Il rapporte un mot très significatif de Bismarck : « Les ambassadeurs ont à obéir comme des sous-officiers. » Ce mot fut pour M. de Schœn une règle de conduite. Plus d'une fois, il s'élève contre ceux qui croient « que les représentants des postes diplomatiques tiennent en mains les rênes de la grande politique ». Eût-il eu cette ambition que les moyens de la réaliser lui eussent manqué. Il était trop mal informé de la politique générale allemande. La Wilhelmstrasse ne l'avait mis au courant de rien. Il n'avait qu'à exécuter sans savoir et sans comprendre. Qu'on pense seulement que l'invasion de la Belgique le surprit : ce plan, certainement arrêté de longue date, ne lui avait pas été communiqué. M. de Schœn ne fut qu'un instrument docile, rien de plus. Voilà la vérité. Et c'est à ce titre que M. de Schœn est un témoin intéressant pour l'étude des responsabilités de la guerre.

Cette docilité, cet état d'esprit de grand fonctionnaire constituent une condition

particulière mais qui a ses avantages lorsqu'il s'agit d'écrire l'histoire. Quand un
grand politique rédige ses Mémoires, c'est
toujours pour lui, dans une très large
mesure, un acte de politique. Il s'efforce
moins de donner une image fidèle du passé
que d'agir sur les imaginations des hommes
pour préparer l'avenir. A tout le moins, il
veut justifier sa conduite, il écrit son apo-
logie. N'ayant été qu'un intermédiaire
dans les événements qu'il raconte, M. de
Schœn s'est trouvé dispensé d'être son
propre avocat. Mais son rôle d'agent ayant
été modeste et subordonné, le récit qu'il
en donne abonde en aveux dignes d'être
retenus.

M. de Schœn cherche à plaider la cause
de l'Allemagne tout en s'étonnant du rôle
que son gouvernement lui a fait jouer. Il
s'efforce d'atténuer le crime de son pays
et il apporte des preuves à la charge de
l'Allemagne. Bien faibles sont les endroits
où il s'applique à partager les responsabilités entre tous les belligérants. « L'Allemagne, écrit-il, n'est pas exempte de cul-

pabilité, mais non pas dans la mesure où l'on veut la charger. » Dans quelle mesure est-elle donc coupable? Voilà la question et c'est son représentant lui-même qui va nous donner la réponse. Elle est d'autant plus écrasante pour l'Allemagne que M. de Schœn, avec une conviction d'ailleurs peu ardente, voudrait la disculper.

Première observation. L'Allemagne a toujours prétendu n'avoir pas eu connaissance de l'ultimatum de l'Autriche à la Serbie. M. de Schœn estime que, sur ce point, son gouvernement a dit la vérité. Admettons avec lui que le texte de la note n'ait pas été arrêté en commun, que l'Autriche seule en ait pesé les termes. Peu importe, et c'est lui-même qui nous le dit : « Le gouvernement allemand n'a jamais nié sa responsabilité pour la note à la Serbie. Elle était admise et reconnue dans la communication aux puissances, par laquelle nous approuvions le geste de notre alliée et en expliquions les causes et les raisons. » Que l'Allemagne ait eu ou non connaissance du texte de l'ultimatum, ajoute-t-il justement, « notre faute n'en est pas amoindrie ». Voilà le point de départ de la guerre avoué et reconnu.

Quant au deuxième temps des responsabilités de la guerre, M. de Schœn ne condamne pas avec moins de netteté l'ultimatum allemand à la Russie. « Était-il indispensable, demande-t-il, de répondre tout de suite à la mobilisation russe par un ultimatum et au rejet de l'ultimatum par la déclaration de guerre? » A cette question, il peut bien répliquer, comme une sorte de consolation, que, seul, « un optimisme extraordinaire aurait permis de croire que la Russie n'irait pas de l'épaisseur d'un cheveu au delà de la mobilisation ». Là encore, quelques-unes de ses paroles sonnent comme un aveu : « Certainement, une action moins brutale et moins prompte aurait donné le temps de mettre en œuvre le projet anglais de l'arrêt général des mesures militaires et d'entamer des négociations entre Vienne et Saint-Pétersbourg. »

Mais quand il en vient à la rupture avec

la France, l'aveu est beaucoup plus acca-
blant encore. Notons que c'est la partie
que M. de Schœn connaît le mieux et
même la seule qu'il connaisse dans la préparation diplomatique de la guerre par
l'Allemagne, puisqu'il en a été à Paris
l'agent d'exécution.

Le 3 août 1914, l'ambassadeur d'Allemagne recevait de Berlin une dépêche qui
ne put être déchiffrée en entier. Il en restait assez d'intact pour qu'il pût lire qu'il
lui était enjoint de notifier au gouvernement français l'état de guerre. Afin de motiver la rupture, la dépêche se fondait sur
des attaques aériennes qui, dans la suite,
furent reconnues fausses. M. de Schœn
exécuta sans discuter les ordres qu'il avait
reçus. Pas un doute. Pas un essai de critique. Il ne se fonde même pas, pour
gagner le temps de la réflexion, sur le fait
que le texte de la dépêche n'a pu être
entièrement lu. Il se hâte d'exécuter sa
fatale mission. Il semble le regretter au-
jourd'hui. Mais, ce jour-là, ne croyait-il
pas que l'affaire était bonne? Ne croyait-il

pas à la victoire? Il a fallu la défaite pour que M. de Schœn eût des scrupules de conscience. Il les exprime ainsi, d'une manière écrasante pour la politique de son gouvernement : « Des raisons militaires, écrit-il, ont pu trouver leur compte à charger les Français de l'ouverture des hostilités, mais la responsabilité à endosser était si grave qu'elle nécessitait pour agir des arguments irréfutables. Même si ces attaques avaient eu lieu réellement, il ne fallait pas leur accorder l'importance d'attaques de guerre; de notre côté, nous avons eu aussi des actes irréfléchis émanant de quelques têtes chaudes. Les Français, si prompts à se décider, ont été assez adroits pour ne pas prendre ces quelques faits comme prétexte de la déclaration de guerre et nous laisser l'odieux de l'offensive... *Que mon nom soit lié à une lourde erreur qui revêtit l'apparence du mensonge, c'est le souvenir le plus pénible de ma carrière.* »

Peut-on rien imaginer de plus pitoyable que ces lignes, de plus embarrassé que ces explications? M. de Schœn ne voit d'autre moyen de s'en tirer que d'invoquer l'erreur de l'Allemagne toujours maladroite. Il lui oppose l'agile dextérité du Français, prompt à faire tourner à son avantage la balourdise du naïf Allemand. Le pauvre ambassadeur n'arrive pas à s'en tirer. Pour ceux qui prendront soin de peser la qualité du témoin dont nous rapportons les paroles, il y a peu de condamnation plus formelle dans le procès des responsabilités de l'Allemagne que ce jugement qui s'efforce d'être modéré.

M. de Schœn est en outre contraint de confesser qu'il avait pour instructions de réclamer l'occupation de Toul et de Verdun par l'armée allemande au cas où la France eût déclaré sa neutralité dans un conflit germano-russe. M. de Schœn se voile la face devant cette autre énormité qui révèle si clairement la préméditation de l'Allemagne. Il n'en est pas moins vrai que, sur le moment, cette exigence lui avait paru toute naturelle et qu'il était tout prêt à la signifier, comme le reste, au quai d'Orsay.

Quant à la violation de la neutralité belge, c'est en termes exprès, et sans réticence, qu'elle est blâmée par M. de Schœn. Il affirme d'ailleurs l'avoir ignorée. Cette invasion résultait de conceptions stratégiques dont l'expérience a montré la valeur. C'est cette faute qui a décidé l'Angleterre à entrer en campagne. M. de Schœn a la sagesse de le reconnaître. Il va plus loin, il ne craint pas de qualifier cet attentat au droit des gens avec toute la sévérité convenable : « L'invasion de la Belgique ne fut pas seulement une faute stratégique et politique, mais aussi, comme nous dûmes l'avouer, un attentat à l'indépendance d'un peuple, et cela malgré la nécessité, malgré la preuve acquise postérieurement, que la Belgique, en prévision d'une avance allemande, avait pris des engagements avec les puissances de l'Entente. Cette lourde faute contre le droit et contre l'honneur nous a ravi l'estime du monde. »

Tardif regret, encore enveloppé d'une douceureuse calomnie au sujet des atteintes prétendument portées à la neutralité par le gouvernement belge. M. de Schœn ne s'est pas encore tout à fait dégagé des thèses de la propagande allemande.

Cependant il est à remarquer que, sur le moment, le fonctionnaire ne protesta pas plus contre l'invasion de la Belgique que contre la terrible mission qu'il avait accepté de remplir à Paris. Mais peu importe. Ils sont si peu, en Allemagne, à avoir eu des remords, une fois la guerre perdue, il est vrai, et la partie manquée! Et puisque, contre l'évidence, il y a encore des hommes qui, jusqu'en France, s'obstinent à écrire que les responsabilités de la guerre sont égales de part et d'autre, et même à décharger l'Allemagne de sa responsabilité, il est précieux qu'un témoin comme M. de Schœn, en voulant établir dans quelle mesure l'Allemagne a été coupable, atteste involontairement que cette mesure a été pleine et que la culpabilité est entière pour le gouvernement, les diplomates et le peuple allemands. Car le mot que M. Gladstone appliquait à la

France de Napoléon III en 1870 est encore
plus vrai pour l'Allemagne de Guillaume II :
« Il est impossible de dispenser un peuple
de sa responsabilité plénière envers un
autre peuple pour les actes commis par
son gouvernement. »

Jacques BAINVILLE.

MÉMOIRES

DU

BARON DE SCHŒN

CHAPITRE PREMIER

MON AMBASSADE A COPENHAGUE

Mes débuts dans la diplomatie. — Ambassadeur
à Copenhague. — Froides relations avec le Danemark. — Revirement. — Visite de Guillaume II.
— Le duc de Cumberland s'esquive. — Deuxième
visite de l'empereur ; accord de Björkö. — L'orientation de la politique danoise. — Voyage du
kaiser dans la Méditerranée. — Tanger. — Discours de Guillaume II. — A Lisbonne. — Son
passage à Naples et à Corfou.

A l'époque où je me posais la question
de mon avenir, la carrière diplomatique n'était
pas celle à laquelle je songeais. Je comptais
me consacrer à l'agriculture. La guerre
franco-allemande vint renverser ce plan. Je

m'engageai comme volontaire aux chevau-
légers de Darmstadt. Plus tard, je passai
aux dragons de la garde, je fis campagne,
devins officier et restai dans l'armée. Ma
nomination comme attaché militaire à l'ambassade de Madrid décida de ma carrière.
La révélation d'un monde plus vaste, plus
intéressant que celui que l'on aperçoit de
la cour de la caserne ou de la place d'exercice, influa profondément sur ma détermination et, lorsque à la fin de mon temps de
service à Madrid, je m'entendis proposer
d'embrasser la carrière diplomatique, la décision ne me causa nul embarras. Après avoir
occupé divers postes au ministère des Affaires
étrangères et dans plusieurs ambassades, je
fus nommé conseiller d'ambassade à Paris.
Cette situation devait être pour moi très
importante, d'abord parce que je m'y tins
plus longtemps qu'il n'est d'usage, ensuite,
parce que mon chef, le comte, plus tard
prince Münster, m'abandonnait dans une
large mesure la direction des affaires et la
responsabilité.

Le poste d'ambassadeur à Copenhague,

qui me fut confié en 1900, m'ouvrit un cercle d'action plus indépendant. Toutefois, cette liberté était limitée, car, suivant la tradition constante de la carrière diplomatique et principalement suivant la règle étroite fixée par le prince de Bismarck, les représentants de l'Allemagne à l'étranger ne devaient pas faire de politique personnelle, mais se tenir strictement dans les limites des attributions qui leur étaient fixées par les instructions générales et particulières de leur gouvernement. J'obtins, cependant, une certaine liberté d'initiative, car, à mon entrée en fonction, aucune autre directive ne me fut donnée, hors celle que formulaient les lettres de créance : « Entretenir de bonnes relations. » Je pus donc, à mon gré, choisir ma voie en m'inspirant des divers précédents historiques et des traditions consacrées.

Les rapports de l'Allemagne avec le Danemark n'étaient pas des plus satisfaisants. Ils étaient restés sous le coup des événements de 1864 et, au point de vue diplomatique, demeuraient froids et réservés, quoique toujours corrects. Les entretiens officiels des deux peuples, relativement restreints, prenaient parfois des formes raides, même hostiles. La situation n'était présentement pas meilleure à la frontière du Slesvig, à cause de la féroce hostilité de la population annexée de sang danois contre la domination prussienne, opposition secrètement et ouvertement entretenue par le royaume. De là, une incessante source de froissements et de conflits. A cela venait s'ajouter, du côté danois, une profonde méfiance. On nous considérait comme le méchant et puissant voisin, capable, un jour ou l'autre, d'opprimer le faible Danemark, sort qu'il s'efforçait de conjurer par des efforts militaires et des mesures diplomatiques. Si cette défiance était en grande partie l'œuvre d'actives influences étrangères, il faut cependant convenir qu'elle trouva aussi sa justification dans l'attitude de certains milieux allemands, partisans d'un impérialisme illimité et se prévalant uniquement de la force militaire. De notre côté, il ne fut rien fait, ou tout au moins rien de la part des autorités dirigeantes, pour réagir contre cette fâcheuse situation. On pensait ne pas devoir accorder une réelle importance aux relations de l'Empire avec nos petits voisins, on les faisait à peine entrer dans le cercle de la grande politique et on laissait aux autorités locales le soin de régler au mieux les rapports assez tendus qui s'établissaient aux points de contact.

Nos voisins du nord, occupant, comme maîtres souverains des canaux, une place prépondérante, unis à nous par les liens du sang et le double échange profitable des idées et des biens matériels, je considérai comme de mon devoir de diplomate de consacrer tous mes efforts à améliorer de ce côté nos relations. Si ce but a été atteint relativement vite, on le doit avant tout au revirement de la politique intérieure du Danemark. Ce changement amena au pouvoir les libéraux qui remplacèrent les conservateurs, mal disposés pour l'Allemagne. Ils prirent pour principe de politique étrangère d'observer la plus stricte neutralité, dans tous les cas, de renoncer aux efforts militaires sans chance de succès, de reprendre plus ou moins ouvertement et avec énergie la

tradition d'une attitude amicale envers l'Allemagne. De fait, on s'aperçut bientôt de
l'action bienfaisante de ce changement. L'attitude des milieux officiels devint plus impar-
tiale et plus cordiale envers nous, la voix de
la presse se fit, en général, plus bienveillante.
Du même coup, l'appui à la résistance de
la population danoise du Slesvig diminua et
les Allemands établis au Danemark ou en
voyage rencontrèrent plus rarement des apparences d'hostilité.

Ce mouvement, commencé avec bonne
volonté, au moment propice et d'une façon
opportune, fit des progrès lents, mais sûrs.
La reprise des relations entre les cours de
Copenhague et de Berlin, laissées un peu en
suspens, devait exercer une heureuse influence, en raison de l'esprit de la nation
danoise, profondément imprégnée d'esprit
monarchiste en dépit de ses tendances démocratiques. C'est pourquoi le terrain se trouva
tout préparé lorsque se posa la question de
savoir si le kronprinz Frédéric, dans un
de ses voyages réguliers à l'étranger, ne
pourrait pas rendre visite à la cour impériale,

où il était d'avance assuré d'un accueil plus qu'amical. La visite eut bientôt lieu et tout se passa d'une façon parfaite. Le kronprinz revint agréablement impressionné et eut à cœur de faire part de son sentiment à son entourage. Ainsi, un grand pas fut réalisé. Les relations entre l'Allemagne et le Danemark devinrent nettement plus cordiales. Pour les resserrer davantage, je profitai d'une fête à la cour de Berlin pour suggérer à l'empereur, avec l'assentiment du chancelier, l'idée d'un voyage à Copenhague. La proposition plut au kaiser, qui prit pour date le 4 avril, jour de naissance du roi Christian. Je lui fis remarquer qu'à ce moment, le gendre du roi, le duc de Cumberland, avec qui nous évitions alors tout rapport, avait coutume de se trouver à la cour avec sa famille. L'empereur ne se laissa pas rebuter par cette raison. Le duc ne put se décider à cette rencontre. Il prétexta la maladie de son fils, resté à Gmunden, pour s'éloigner à temps. J'aurais pu facilement empêcher ce départ, si j'avais eu l'autorisation de négocier à ce sujet. Mais en Allemagne,

on était fermement convaincu qu'un rapprochement entre l'empereur et le chef de
la maison guelfe n'était pas indiqué au point
de vue politique. L'empereur me confia plus
tard qu'il aurait désiré se rencontrer avec
la famille ducale, car il songeait à un mariage
entre le kronprinz et l'une des charmantes
filles du duc et de la duchesse, et il lui semblait qu'une réconciliation avec la maison
guelfe était un acte de bonne politique.

Malgré cet incident, la visite de Guillaume II s'effectua d'une façon si parfaite
que, sur la demande du roi Christian, elle
se prolongea de quatre à cinq jours. La réception faite à l'empereur par la population fut
très différente de la première, quatorze ans
auparavant. Les habitants de Copenhague
furent agréablement surpris de voir, au lieu
d'un souverain à l'allure martiale et au regard
sombre, comme les journaux et les carica-
tures aimaient à représenter le kaiser, un
homme sans contrainte et séduisant, qui
souriait à la foule, saluait le vieux roi avec
un respect filial, et qui, pendant son séjour,
tint à visiter les curiosités comme un simple

touriste. On lui fut particulièrement reconnaissant de s'être rendu à l'hôtel de ville,
vénérable monument d'une bourgeoisie fière
de son passé, de ne pas avoir manifesté d'intérêt pour les choses de l'armée, ce qui fut
d'autant plus apprécié des Danois, que leurs
ressources modestes ne leur permettaient pas
une brillante parade militaire. Enfin, l'opinion était si bienveillante qu'un habitant
de la capitale, haut placé, me disait que si
l'empereur voulait rester encore un jour de
plus, le peuple, si froid, dans son enthousiasme, irait jusqu'à dételer les chevaux de sa
voiture. Dans la famille royale, cette visite
de l'empereur laissa une impression agréable
et donna l'assurance que les souverains voulaient continuer cette amitié confiante qu'ils
venaient de renouer, et, par là même, que
les rapports si heureusement rétablis ne se
départiraient pas de cette disposition sympathique. De politique, il fut, à vrai dire,
très peu question ; des conventions particulières ne furent envisagées d'aucun côté. De
part et d'autre, on était convaincu que le
fait seul de la visite de l'empereur, si par-

faitement accomplie, suffirait à imprimer aux relations futures la direction souhaitée par les deux parties. Il ne faut pas oublier que la façon véritablement « enjôleuse » de l'empereur amena un changement durable de sentiment chez les filles du roi, l'impératrice mère de Russie, la reine Alexandra d'Angleterre, et la princesse française unie au prince Waldemar, trois grandes dames qui passaient pour jouer un rôle important dans les affaires politiques et n'être pas favorables à l'Allemagne. On ne remarqua plus, après la visite du kaiser, aucun symptôme d'intervention féminine occulte dans les relations internationales de la cour danoise.

Une seconde et plus courte visite de Guillaume II à Copenhague, au cours de l'été de 1905, fit également une heureuse impression. L'empereur dissipa la défiance en allant, par intérêt dynastique, au-devant du désir du Danemark, qui voulait placer sur le trône de Norvège, le nouveau royaume né du partage de la Suède, un prince danois. J'avais, il est vrai, assuré aux hommes d'État danois que l'empereur n'avait nullement l'intention de se mêler de la question du trône de Norvège. L'incertitude danoise, toujours entretenue par l'Angleterre, cessa lorsque l'empereur mit fin à cet état de tension nerveuse, en déclarant au prince Charles, plus tard roi Haakon, qu'il serait le premier à lui rendre visite à Christiania.

A l'occasion de ce voyage, l'empereur, qui avait déjà en vue ma nomination au poste d'ambassadeur à Saint-Pétersbourg, m'informa qu'au cours d'une rencontre avec le tsar, à Björkö, il avait obtenu son adhésion complète pour un traité d'alliance dans lequel la Russie s'efforcerait de faire entrer la France. C'était la reprise d'une idée déjà conçue par le prince Bismarck, plan de grande envergure dont la réalisation aurait assuré la paix du monde, mais qui, comme cela est facile à expliquer, se heurta au refus du gouvernement français, car il supposait l'abandon définitif de l'Alsace-Lorraine. Avec le caractère faible et indécis du tsar, qui, cela est connu, ne put, dans des temps difficiles, faire triompher son désir de paix des tendances belliqueuses de son milieu, ce projet, par ailleurs repoussé par la France, ne put avoir de suite, et il ne fut pas difficile au ministre russe des Affaires étrangères de cette époque, le comte Lamsdorf, de le faire avorter en opposant ce prétexte que la conversation du tsar avait eu lieu sans l'assentiment et la délibération du cabinet, et seulement en présence du ministre de la Marine, non qualifié.

En dehors de l'amélioration des relations germano-danoises, une conséquence heureuse de ces événements fut de donner à l'idée allemande dans le royaume plus de liberté et de considération. Les Allemands établis en Danemark avaient dû, jusque-là, observer une attitude très discrète et très réservée. Des tentatives de réunion pour l'élaboration d'œuvres d'utilité commune, pour la célébration de fêtes nationales, n'avaient pas dépassé la portée de simples ballons d'essai. L'ambassadeur avait eu toutes les peines du monde à grouper à sa table quelques invités à l'occasion de l'anniversaire de la naissance de l'empereur. Ce me parut un devoir pressant de mettre un terme à cette situation honteuse, et, en profitant des événements favorables, de réveiller la conscience de nos compatriotes, de favoriser l'éclosion d'organisations d'utilité générale, de célébrer les fêtes nationales. J'eus la vive satisfaction de voir répondre à mon appel et avec bonne volonté de nombreux Allemands, et se créer des œuvres sur des bases solides qui firent honneur au nom allemand et qui affirmèrent la puissance de volonté allemande.

Cette évolution significative avait provoqué avant tout en Allemagne un sentiment de soulagement, mais ne fut pas, cependant, unanimement estimée à sa valeur. Les cercles dirigeants se réjouissaient d'être arrivés enfin à un point où la route paraissait moins ardue qu'elle ne l'avait été jusque-là. On entrevoyait un avenir dans lequel on pourrait éviter ou aplanir certaines difficultés datant des temps difficiles. La majorité de l'opinion publique était portée à considérer l'heureux revirement de nos relations avec le Danemark sous l'influence de cette conviction que ce n'était pas là une situation passagère, mais qu'elle serait durable et susceptible de s'affermir encore. Toutefois, dans les milieux nationalistes, et particulièrement ceux qui y étaient prédisposés par l'attitude de la population danoise du nord du Slesvig, naissaient de l'hésitation, un mouvement de doute et même de blâme. On prenait note du revirement du Danemark, mais on croyait devoir se garder d'une trop grande confiance dans un avenir réellement meilleur. On suppliait le gouvernement de ne pas consentir à relâcher les mesures de précaution à notre frontière, contrairement à l'espoir fermement affiché de la population danoise annexée. *Timeo Danaos et dona ferentes...*

Le fait que mon nom fut prononcé à l'occasion de la reprise de meilleures relations, remarqué lors des visites de l'empereur, fit que l'on arriva à croire que j'étais l'inspirateur d'autres avances plus graves et plus difficiles. Cette opinion, qui s'appuyait surtout sur des suppositions, et contre laquelle je n'eus pas l'occasion de réagir, se propagea et s'affermit si bien que, lorsque je fus appelé à la présidence du ministère des Affaires étrangères, on l'accepta comme une certitude.

On s'égara tellement dans cette fausse voie,
que l'on en arriva à me rendre responsable
d'un accord conclu en janvier 1907 concernant les enfants d'optants, en négligeant
la réalité, car je n'étais absolument pour rien
dans cette affaire. Une simple remarque aurait pu prouver qu'à l'époque des négociations, je n'étais ni ambassadeur à Copenhague,
ni secrétaire d'État à Berlin, mais ambassadeur à Saint-Pétersbourg. J'eus un aperçu
instructif de la manière d'agir des adversaires politiques à l'occasion d'une conversation avec le chef de l'opposition allemande,
dans le Slesvig du Nord, au sujet des menées
danoises. Il fut obligé d'avouer que la supposition, si longtemps admise, qui me rendait responsable de la directive conciliante
exprimée dans l'accord, était fausse. « La
population n'a pas toujours présentes à l'esprit, disait-il, les dates d'entrée au pouvoir
de chaque ministre. » Mon opinion sur l'im-
partialité absolue qui préside aux luttes
politiques en reçut une profonde atteinte.

Pendant mon temps d'ambassade à Copenhague, j'eus, à deux reprises, l'occasion

d'accompagner l'empereur comme représentant du ministère des Affaires étrangères, la première fois dans un court voyage de chasse en Silésie, la seconde, *dans une croisière en Méditerranée et à Tanger*. Dans le premier de ces déplacements, l'empereur, sous l'influence de nouvelles désagréables, m'expliqua comment, selon lui, les choses se passeraient, dans le cas où la coalition de nos adversaires deviendrait si dangereuse que l'Allemagne serait obligée de se défendre contre une agression simultanée venant de plusieurs côtés. Alors, on se souviendrait de Frédéric le Grand ; la *furor teutonicus*, avec une force irrésistible, briserait le cercle fatal, tel un ouragan. Les armées allemandes dévaleraient sur la France et, après l'avoir rapidement écrasée, se retourneraient contre la Russie, *à peine éveillée*, et la réduiraient vite à l'impuissance. Quant à l'Angleterre, l'empereur admettait qu'elle resterait d'abord simple spectatrice et que la guerre serait finie avant qu'elle n'eût le temps de prendre une décision. *Déjà, à ce moment, l'on se préoccupait d'une grande guerre.*

Le projet de visite à Tanger n'était pas un secret. On en avait parlé ouvertement et plus ou moins clairement, comme d'un avertissement à la France, à cause de ses menées au Maroc. On murmurait aussi que ce n'était pas sans hésitation que le kaiser s'était décidé à cette démonstration extraordinaire. J'ai pu constater, au cours de la traversée, qu'il ne voyait pas sans une certaine appréhension cette aventure de Tanger. Il m'a affirmé lui-même qu'il n'avait pas l'intention de faire de ce voyage un acte de haute politique, qui ne serait pas sans soulever certaines difficultés. Il voulait simplement donner aux hôtes nombreux qui l'accompagnaient un aperçu rapide de la vie musulmane. Pour lui, connaissant l'Orient, il resterait à bord devant Tanger. Entre temps, le chancelier, probablement sous l'influence de M. de Holstein, insista tellement sur le but politique, que l'empereur, fidèle aux principes constitutionnels, se décida à débarquer. Il se préoccupait aussi beaucoup du fait d'avoir à monter un cheval qui ne lui était pas familier, pour le conduire du port à l'ambassade, située de l'autre côté de la ville. Les rues de Tanger, comme cela lui avait été dit à Lisbonne, étaient trop étroites pour les voitures. On lui avait aussi exposé qu'à cause du vent d'ouest, le port n'étant pas protégé, l'abordage était difficile, sinon impossible. Se basant sur ces difficultés qu'il ne connaissait pas auparavant, il voulut revenir sur son assentiment donné au chancelier.

Ces hésitations me mettaient dans une position délicate. D'un côté, j'étais persuadé des difficultés, politiques et autres, de l'entreprise, d'autre part, comme représentant des Affaires étrangères, je ne devais pas laisser l'empereur hésiter. Ma tâche fut facilitée par la présence du comte de Tattenbach, ambassadeur à Lisbonne, qui, autrefois, avait combattu sur le terrain diplomatique les prétentions françaises. C'était un chaud partisan du voyage à Tanger. Il accompagnait l'empereur comme guide compétent dans les affaires marocaines. Je crus devoir laisser au dieu Éolus le soin de décider si l'entreprise était favorable ou non. A l'arrivée en rade de Tanger, le vent soufflait et il ne pouvait être

question de débarquer. L'empereur décida
d'attendre un temps plus propice et, au
besoin, d'aller à Gibraltar et de revenir à
Tanger. Entre temps, le chargé d'affaires
von Kuhlmann fut en barque accoster le
Hambourg, revêtu de son uniforme de parade
des uhlans de Bamberg, tout mouillé dans le
passage. Il monta à bord à l'aide de l'échelle
de cordes, car on ne pouvait se servir de l'es-
calier à cause de la houle. Le vieux commandant de deux croiseurs français, ancrés en
rade, se fit présenter aussi à l'empereur,
qui le fit parler longuement sur les probabilités du temps. Le vent s'étant un peu
calmé, l'aide de camp von Scholl fut chargé
d'essayer d'atterrir et de se renseigner sur la
manière dont on pouvait arriver à l'ambassade. Il revint, annonçant que la descente
à terre, si l'on ne craignait pas de se mouil-
ler, ne serait pas trop difficile, que le cheval
réservé à l'empereur était parfait, et que la
population attendait avec fièvre la venue du
souverain. L'atterrissage fut décidé et s'effectua sans accroc.

D'après les journaux, l'empereur fit au

vieil oncle du sultan et aux représentants de
la colonie allemande, accourus pour le saluer,
un discours dans lequel il proclamait l'indépendance du sultan. La vérité est qu'il ne
fit pas de discours, mais répondit aux souhaits
de bienvenue sur un ton de conversation
familière. Toutefois, cette question fut agitée.
Il s'en fallut de peu qu'un détail ne vînt faire
échouer l'entreprise ; le cheval arabe destiné
à l'empereur s'agitait à la vue des casques
et ne voulait pas se laisser monter. Cependant, on put réduire l'animal à l'obéissance
et, accompagné d'une suite de vingt cavaliers,
l'empereur traversa la ville. On n'avançait
que lentement à travers les rues étroites,
remplies d'une foule bruyante et joyeuse.
Les toits plats de toutes les maisons étaient
garnis de femmes maures, chrétiennes et
juives, qui poussaient des cris de joie et lan-
çaient des fleurs. Enfin le cortège arriva
sur le Soko, place qui s'étend devant le jardin
de l'ambassade. Une foule, formant une
mer mouvante, donnait libre cours à son enthousiasme en poussant des clameurs assour-
dissantes, en tirant des coups de fusil d'une

façon acharnée. Ce bruit confus s'accrut encore à l'arrivée d'une musique militaire envoyée par le sultan, qui s'efforça vainement de couvrir le tumulte de la multitude. La nervosité de la monture du kaiser m'inquiéta et je demandai à un officier français, qui paraissait exercer un commandement, s'il ne pouvait pas faire cesser les tirs. Il me répondit, découragé, qu'il n'avait d'influence que sur la poignée de troupes régulières à lui confiée pour l'instruction, mais pas la moindre sur les Kabyles, à demi sauvages, qui s'amusaient à pétarader.

A l'ambassade, l'empereur s'entretint avec l'oncle du sultan, lui dit à nouveau qu'il prenait fait et cause pour l'indépendance du pays ; il reçut encore d'autres personnalités maures et les ambassadeurs étrangers. Je m'approchai alors de lui avec cette pensée qu'un événement historique d'une portée encore indéfinie s'était accompli et je lui demandai d'une manière pressante d'ordonner le retour au vaisseau, dans la crainte que des incidents regrettables pussent résulter de l'attente prolongée de cette foule énervée. Je redoutais aussi que le vent se levât, vînt entraver l'embarquement et que l'empereur fût obligé de prolonger son séjour dans cette ville mauresque, gouvernée par une autorité très faible.

Quelques jours plus tard, on reçut à Naples les premiers échos du bruit considérable éveillé dans le monde par la visite à Tanger et l'empereur sembla comprendre clairement de quelle grosse importance politique avait été son voyage. Bien qu'il ne l'exprimât pas, j'eus l'impression qu'il considérait après coup cet événement avec le sentiment qu'il eût mieux valu s'en tenir au refus primitif.

Comparé à la visite à Tanger, le reste du voyage, pendant lequel on visita Gibraltar, Lisbonne, des villes italiennes, Corfou, fût, politiquement parlant, sans importance. A Lisbonne, le lendemain de l'arrivée, un léger malentendu s'éleva. L'empereur répondit en allemand au toast que le roi Charles lui avait adressé en français, ce qui provoqua chez les Portugais une surprise et une certaine froideur. Le roi Charles avait omis, bien qu'il fût longtemps seul avec l'empereur dans le carrosse de gala, au cours du cortège, de parler des toasts ; notre ambassadeur n'avait pas, comme il est d'usage, demandé confidentiellement communication de celui que le roi Charles devait porter. L'empereur avait dû improviser sa réponse. Le refus d'une station de télégraphie sans fil portugaise d'admettre un télégramme allemand à l'impératrice, peu avant notre arrivée, contribua aussi à la mauvaise humeur. Je pus décider l'empereur, invité le jour suivant à une fête de la Société de géographie, institut dont les Portugais sont très fiers, à prononcer en français une allocution, préparée à la hâte, sur les grands faits de la navigation portugaise et sur l'activité coloniale du Portugal et de l'Allemagne. La froideur se transforma vite en enthousiasme, grâce à la chaleur méridionale. Les jours suivants s'écoulèrent dans une harmonie parfaite.

A la visite de Tanger, s'ajouta celle de Gibraltar. Le gouverneur anglais, le général White, le défenseur de Ladysmith pendant la guerre contre les Boers, traita l'empereur avec prévenance et délicatesse. Ce dernier en fut particulièrement touché et, malgré les divergences politiques qui nous séparaient de l'Angleterre, se laissa gagner par le caractère prenant de la sociabilité anglaise.

Nouvelle halte au port espagnol de Port-Mahon, où le roi d'Espagne fit saluer l'empereur par le général commandant. Il y eut un peu de gêne, le général ne connaissant que sa langue maternelle; je dus servir d'interprète, avec mes vagues notions d'espagnol, un peu oubliées.

Une rencontre avec le roi d'Italie à Naples, trois jours d'intimité qui rapprochèrent les deux souverains plus que toute autre circonstance, pouvaient être considérés comme un resserrement de la Triple Alliance. Mais attribuer à ce rapprochement l'importance d'un événement capable de créer une atmosphère de confiance entre la confédération italienne et nous était exagéré. Ici encore apparaît que les entrevues des chefs d'État sont, en ce qui concerne les relations des peuples, d'une signification plutôt décorative que réelle. D'ailleurs, cette visite impériale n'avait

pas plus de raison politique particulière que
celle de l'année précédente. Les voyages dans
les eaux et contrées italiennes avaient plutôt
pour but le repos et le désir de voir des sites
intéressants. Les monuments du temps des
Hohenstaufen en Sicile et en Apulie atti-
raient particulièrement l'empereur, au point
de vue historique et artistique. Si, dans la
presse, ces visites en Italie ont été interprétées
comme ayant pour principe la restauration
du Saint-Empire romain, ce furent là des
élucubrations de pure fantaisie.

L'arrêt à Corfou eut surtout un caractère
familial. Un petit contretemps fit qu'à l'arrivée de l'empereur, ni le roi de Grèce, ni
aucun membre de la famille royale, ne furent
là pour le saluer. Le roi Georges, dans une
gracieuse intention, alla à sa rencontre sur son
yacht, mais par le sud de l'île, tandis que
le *Hohenzollern* arrivait par le nord, partie
de cache-cache que les souverains prirent
gaiement. Le séjour de l'empereur dans cette
île, revêtue de sa plus jolie parure de printemps, fit sur lui une telle impression qu'il
résolut de se rendre acquéreur de l'Achilléon

A la fin du voyage en Méditerranée, le kaiser me confia qu'il avait donné avec plaisir son assentiment à la proposition du chancelier de me désigner pour le poste d'ambassadeur à Saint-Pétersbourg, dès que celui-ci serait libre. Le comte Alvensleben, titulaire, semblait vouloir se retirer, mais il n'avait pas encore fait connaître officiellement son intention. Ma nomination à Saint-Pétersbourg ne s'accomplit qu'à la fin de l'année.

CHAPITRE II

MON AMBASSADE A SAINT-PÉTERSBOURG

Belle confiance du tsar. — La conférence d'Algésiras. — Deuxième conférence de La Haye. — Rapprochement anglo-russe. — Une conversation avec M. Iswolski. — Politique russe intérieure. — Le commerce allemand indemnisé. — La personnalité de Nicolas II et mes collègues près la cour de Russie.

Mon origine hessoise et ma situation temporaire de maréchal à la cour de Cobourg m'avaient procuré l'occasion d'approcher plusieurs fois les souverains de Russie et l'on était en droit de croire que je serais accueilli avec bienveillance comme représentant de l'empereur à la cour de Saint-Pétersbourg. Ce fut cette considération personnelle qui décida de ma nomination, comme me le déclarèrent Guillaume II et le chancelier, en m'exprimant par surcroît leur reconnaissance pour l'activité que j'avais déployée dans les postes précédents. L'empereur avait averti par lettre le tsar qu'il avait l'intention de me nommer à l'ambassade de Saint-Pétersbourg, dans la pensée qu'il lui serait agréable de recevoir une personne connue. La réponse apporta le témoignage de la satisfaction du tsar. Le grand-duc de Hesse avait aussi écrit à sa sœur en me recommandant.

Quand, à la fin de 1905, je rejoignis mon poste, les affaires russes n'étaient pas encore revenues à leur état normal. La révolution avait en grande partie échoué, mais le feu couvait toujours dans la capitale et le pays. Dès mon arrivée à la station-frontière de Wirballen, j'eus l'occasion de me rendre compte de l'insécurité de la situation. Le commandant de gendarmerie, colonel Massejedow, qui me reçut, me conduisit au wagon-salon qui m'était réservé, me souhaita bon voyage et m'avertit qu'il courait des bruits d'attentats révolutionnaires sur les ponts de cette ligne de chemin de fer. Il n'avait pu s'assurer si ces bruits étaient fondés et prendre des mesures en conséquence. Le voyage s'écoula sans incidents et j'arrivai à bon port, le 1ᵉʳ janvier 1906, à Saint-Pétersbourg.

Je ne fus pas déçu dans mon attente. Je fus reçu à Tsarskoïé-Sélo d'une façon amicale et pleine de confiance. Dans l'intervalle des audiences officielles, toujours guindées, je m'entretins intimement avec le tsar et la tsarine. La conversation roula longtemps sur d'anciens et agréables souvenirs et se termina sur une invitation du tsar à venir le voir librement lorsque j'aurais à communiquer avec lui personnellement en toute liberté de cœur. Il est resté fidèle à cette promesse en cherchant, toutefois, à ne pas afficher de préférence pour le représentant de l'Allemagne.

Nos relations avec la Russie étaient aussi bonnes qu'elles pouvaient l'être dans les circonstances présentes. Elles étaient encore, comme auparavant, contrariées par le traité d'alliance avec la France ; cependant, l'influence prépondérante exercée par l'argent français allait en diminuant et l'alliance tendait à être envisagée, du côté russe, avec une certaine tiédeur. Ce refroidissement s'accrut encore sensiblement en raison de l'attitude de la France, attitude prudente et presque hostile, en un sens, au traité, pendant la guerre russo-japonaise. Par contre, notre neutralité, non seulement loyale, mais encore bienveillante et désintéressée, fut jugée avec une reconnaissance marquée. Le tsar, le comte Lamsdorf, ministre des Affaires étrangères, m'assurèrent, à notre première rencontre, que l'attitude amicale de l'Allemagne ne serait pas oubliée. Le tsar ne se prononça pas sur la France, dit cependant quelques paroles significatives, mais enveloppées de réserves. Le comte fut plus ouvert et plus expansif. Selon lui, l'attitude de la France pendant la guerre avait beaucoup surpris la Russie et éveillé de la mauvaise humeur. L'alliance, qui était basée sur l'orientation des idées nationales, s'était affaiblie avec leur changement. La Russie reconnaissait l'utilité, même la nécessité du maintien du traité, dans l'intérêt de la politique européenne, pour ne pas lâcher la bride et *mater la France révolutionnaire*. Vue sous cet angle, l'alliance n'avait pour nous rien de mena-

çant, au contraire. Lui personnellement, de
même que l'empereur, n'avait aucune sympathie pour la France ; toutefois il se rendait
compte que la politique étrangère ne doit
pas se baser sur des sentiments, mais sur
de froides réalités. Pour n'avoir pas renou-
velé *l'accord dit de réassurance*, nous avions
brisé un instrument solide d'équilibre européen et la Russie s'était vue forcée de chercher par ailleurs une compensation. Le ministre ne parla qu'avec réticence de l'accord
projeté, mais avorté, de Björkö. Il tenait
pour certain que l'on ne pouvait envisager
l'entrée de la France dans un plan d'alliance
dont la pensée fondamentale était certainement profonde, mais servait mal ses intérêts. Il avait compris que tout effort dans
ce sens aurait été peine perdue. Il était
à regretter que lui, le ministre compétent,
n'eût pas été présent. Il aurait pu mettre
les souverains en garde contre des espoirs
trop optimistes et les empêcher de signer
une convention dont la réalisation était chimérique.

Ces déclarations ne nous surprirent pas,

de sa part, car nous avions déjà appris auparavant qu'il n'avait rien entrepris pour essayer d'obtenir l'adhésion de la France. Il s'était contenté de donner connaissance de l'affaire de Björkö et avait reçu immédiatement une réponse qui était un *non possumus*. La situation était donc la suivante : les dirigeants n'avaient pas eu à se féliciter des essais tentés pour pallier les divergences existant entre la France et nous et pour éteindre un foyer de discorde européenne. Ils avaient adopté une attitude qui pouvait être considérée en France comme la consécration du *statu quo*.

Cet événement prouva d'une façon formelle que la parole et la puissance du tsar n'étaient pas aussi absolues qu'on l'admettait en général chez nous. Si d'autres milieux avaient eu connaissance de ces projets, ce qui, heureusement, ne fut pas le cas, cela aurait amené de l'inquiétude pour l'avenir, on aurait tenté d'y voir une tentative avortée de l'Allemagne en vue de bouleverser la politique européenne. Dans le cercle des initiés, il en resta une impression de légère froideur qui affecta les relations officielles germano-russes. Cette froideur se serait encore accentuée si ces relations n'avaient pas trouvé sur d'autres points les appuis nécessaires. Le gouvernement nous fut reconnaissant de notre attitude pendant la guerre russo-japonaise et la révolution, bien qu'on eût tendance à la considérer comme quelque chose de très naturel dû, non pas à l'amitié de deux puissances, mais à l'intérêt le plus pressant. On fut surtout agréablement influencé de ce que, pendant les événements intérieurs et extérieurs, notre attitude donna l'assurance que le gouvernement russe pouvait, par ses propres moyens, surmonter la crise. On croyait avoir acquis de ce fait la preuve que, conséquents avec les principes essentiellement conservateurs de notre politique intérieure, nous nous opposerions à toute tentative pour soutenir la révolution russe.

On remarqua aussi que, chez nous, les partis animés de sentiments libéraux furent modérés, tandis que la presse française et anglaise se comportait de telle façon qu'elle provoqua de la mauvaise humeur. Le comte

Lamsdorf, homme d'État ultra-conservateur, se prévalant de la solidarité monarchique, s'adressa à nous pour combattre les tendances révolutionnaires d'après un plan commun. Il semblait que notre attitude loyale jusqu'à ce jour ne lui suffisait pas, qu'il voulait se servir de notre force intacte pour remettre à flot le char de l'État russe embourbé et utiliser l'appui demandé, non pas ouvertement, mais en le dissimulant « derrière le chariot ». Cette suggestion tomba dans le vide, car le comte Lamsdorf et ses collègues, ministres réactionnaires, durent bientôt abandonner le pouvoir.

Des transactions commerciales actives et précieuses, un traité de commerce plus large, constituaient un important facteur de relations profitables. Si, dans quelques cercles russes, on parla d'avantages allemands, ce sont là des plaintes que l'on évite rarement dans les traités de commerce. De fait, elles n'étaient pas fondées et provenaient surtout d'influences extérieures jalouses, qui trouvaient sur le terrain russe un sol propice, ainsi qu'on le vit à propos d'autres questions.

On pouvait considérer l'amitié étroite des maisons régnantes, amitié séculaire, comme le lien le plus fort des relations russo-allemandes. De part et d'autre, il existait une ferme et sincère volonté de ne pas laisser ce lien se desserrer, on s'efforçait de le fortifier par des actes et des pensées s'y rapportant. Ce but ne fut pas toujours atteint, soit qu'il restât confus, soit que l'on n'employât pas toujours les moyens appropriés.

Il était du plus grand intérêt pour nous de voir quelle attitude adopterait la Russie, dans le conflit diplomatique d'Algésiras, où s'affrontait la rivalité des puissances. Servirait-elle sans réserve le désir pressant de son alliée, ou voudrait-elle ménager notre amitié? La Russie, désintéressée complètement du Maroc, pouvait prendre position uniquement au point de vue de la haute politique. L'attitude du représentant russe à la conférence fut d'abord indécise. L'idée du comte Lamsdorf était, me dit-il, de s'entremettre entre l'Allemagne et la France. Des instructions avaient été données. Ces directives n'étaient-elles pas assez précises ou le représentant russe ne les suivit-il pas exactement? On ne constata aucun résultat appréciable. Tout au contraire, le délégué de Pétersbourg se laissa peu à peu gagner par le point de vue français. Cela aurait, du reste, encore été pire, s'il ne m'avait pas été possible de réagir personnellement auprès du tsar. Malgré tout, les essais de médiation ne furent pas poussés avec une force nécessaire pour qu'ils fussent couronnés de succès.

Les événements suivirent le même cours à la deuxième conférence de La Haye. Un amendement de l'Angleterre sur la limitation des armements, et surtout des flottes, était attendu. Longtemps avant la réunion de la conférence, un changement de gouvernement, lié à l'éclosion de la nouvelle constitution libérale en Russie, avait amené à la direction des Affaires étrangères, à la place du réactionnaire comte Lamsdorf, le libéral modéré Iswolski, jusqu'alors ambassadeur à Copenhague. Ses vues personnelles sur le désarmement et le tribunal arbitral m'étaient connues, lorsque j'étais son collègue à Copenhague. Il était sans aucun doute hostile

à ce projet. Lorsqu'un de ses prédécesseurs,
le comte Mouraview, avait étonné le monde
en demandant, au nom du tsar, le désarmement général, Iswolski fit cette remarque
que le désarmement général et la paix uni-
verselle étaient des chimères de socialistes
ou de femmes hystériques, déclaration qui
lui avait attiré une disgrâce momentanée.
Même si, dans son for intérieur, il ne pensait
à l'heure présente pas autrement, et si sa
conception avait été encore affermie par la
situation dans laquelle était la Russie à la
suite de sa guerre malheureuse avec le Japon
et des troubles intérieurs, il ne pouvait,
comme représentant actuel des Affaires étrangères de la nation qui avait conçu cette
idée de conférence, la désavouer. Il n'ignorait
pas que sous les belles paroles qui se pronon-
ceraient à La Haye se dissimulaient des
idées qui tendaient moins à l'union pacifique
des peuples qu'à la formation ou à la désa-
grégation de groupes alliés, à la faveur d'un
milieu où pouvait germer aussi bien la discorde que l'entente.

Dans cette circonstance, le ministre fut

de notre avis. La venue à La Haye des trois
empereurs, d'Allemagne, d'Autriche-Hongrie
et de Russie, unis, la main dans la main, s'éle-
vant contre le désarmement, était chose difficile. Il semblait voir là une tentative visant
à déplacer la situation européenne, créée par
le rapprochement anglo-russe et la protection inespérée qui était offerte à la Russie
affaiblie par la guerre et la révolution. Il
me fallut finalement faire appel à de plus
hauts intérêts, à l'amitié et à l'esprit de
solidarité monarchique qui animait le tsar,
pour obtenir son assentiment. La conférence
eut lieu. L'amendement anglais, clairement
désavoué, au cours de nos débats publics,
par la presse et même par le Reichstag, ne
fut pas discuté et, de même qu'à la première
conférence, on émit le vœu que les puissances
réfléchiraient plus minutieusement encore à
cette question de désarmement. La présidence de la conférence, échue à la Russie,
évita à ses représentants de prendre une
position ferme. Le très sensible M. Iswolski
ressentit une impression fâcheuse, du fait
que, en communauté avec l'Autriche-Hon-

grie, nous eussions exercé une forte action, allant jusqu'à l'appel à la plus haute autorité de son pays, et cette impression le décida encore davantage à se rapprocher de l'Angleterre.

Personnellement, je me trouvais dans le même trouble intérieur que lui. Je me demandais si réellement il était prudent de décliner aussi ouvertement et catégoriquement cette idée de désarmement. Certainement, cette attitude était une preuve nouvelle de l'objectivité et de la loyauté du point de vue allemand, mais n'aurait-il pas été plus sage, politiquement, de laisser venir en discussion le projet anglais, si faiblement appuyé d'autre part? On en serait fatalement arrivé à la conviction que trouver une formule qui tînt un compte exact des situations et configurations géographiques, de la densité de la population, des possessions continentales et coloniales, des aspirations et des nécessités politiques et économiques, devait rester le but de tous les efforts. Une discussion portait en elle le danger d'un débat sérieux et prolongé, mais se développant normalement et sous une forme modérée. Plus grave aurait été une discussion conduite par la presse et plus grave encore une discussion secrète. La question se serait envenimée et la situation tendue. Si le projet avait été débattu à La Haye, à côté d'essais infructueux, il s'en serait cependant çà et là découvert un d'utile et, selon toute attente, malgré l'impossibilité de solutionner le problème, on aurait cependant fait un pas en avant, ne serait-ce que par une manifestation unanime de bonne volonté. Nous aurions trouvé, pour l'exposé et le développement des possibilités et impossibilités particulières et générales, des oreilles attentives et des collaborations précieuses, nous ne nous serions pas attiré, de la part de nos adversaires, une haine, exploitée pour notre perte, et le reproche d'avoir étranglé « le faible enfant du pacifisme ».

Ce n'est pas sans de profonds regrets que je dus assister, témoin passif, au rapprochement de l'Angleterre et de la Russie. La politique anglaise, avisée, avait reconnu, longtemps avant la guerre de Mandchourie, que la Russie, son adversaire, entraînée dans une aventure périlleuse, à demi naufragée, ne subirait pas seulement des pertes sensibles, mais aussi pourrait facilement, avec des avances habiles, être attirée dans le rayon des intérêts britanniques. Le dénouement de la guerre et de la révolution justifia cette conception. Tout d'abord prudemment, mais avec des progrès constants, l'Angleterre offrit à l'adversaire épuisé des preuves de bienveillance et lui ouvrit la perspective alléchante d'une amitié précieuse au lieu de l'inimitié des temps passés. Avec une adresse expérimentée et des moyens éprouvés, elle utilisa la fermentation constitutionnelle qui suivit la révolution russe pour se dépeindre dans la presse russe, docilement maniable, et aussi dans la sienne, comme le type classique de l'État constitutionnel. Peu après la modification de la constitution en Russie, la disposition de l'esprit public à l'égard de l'Angleterre était si bonne qu'une prudente ouverture au gouvernement (un *sondage* en langue diplomatique) pouvait être entreprise. Il y eut, auparavant, une initiative du côté russe, la proposition de régler les questions permettant de promptes négociations. Il s'agissait de l'Orient. On s'y donna mutuellement l'assurance qu'on ne se ferait plus la guerre en Perse, en Afghanistan et au Thibet.

M. Iswolski eut à cœur de me mettre sans réserve au courant de ce qui l'avait décidé à guider la Russie dans une nouvelle voie, en demandant à son souverain l'autorisation de négocier à ce sujet. Nicolas II fut longtemps hésitant ; cependant, il accorda son approbation. Après les défaites et la révolution encore latente, la Russie était tellement affaiblie que le maintien de l'ancien antagonisme entre l'Angleterre et la Russie était un danger pressant et qu'il fallait penser sans retard à l'éviter. Si dur que cela fût pour son sentiment personnel, il ne restait d'autre ressource que d'essayer de concilier les divergences par une entente amicale. L'espoir que les négociations se termineraient favorablement paraissait autorisé. Cependant, en raison des difficultés qui pouvaient se présenter, on ne pouvait pronostiquer la réussite certaine. Un rapprochement général, une orientation du gouvernement russe du côté de l'Angleterre, n'était pas prévu, le ministre voulait affirmer cette intention d'une façon précise, mais il ne s'agissait de s'entendre que sur certains points particuliers, jusqu'à ce jour sujets à contestation : limitation des zones d'influence en Perse, sans préjudice de l'indépendance politique et de la liberté économique ; maintien du *statu quo* en Afghanistan et au Thibet. Probablement, l'Angleterre voudrait obtenir une reconnaissance expresse de sa situation exceptionnelle dans le golfe Persique ; mais, sur ce point, M. Iswolski défendrait les intérêts de la Russie, ne se laisserait pas enlever l'accès à la mer dans quelque direction que ce fût et s'opposerait à ce qu'on *poussât le verrou* dans l'Est asiatique. Il n'était dans la pensée d'aucune des parties de porter atteinte aux intérêts et droits allemands. M. Iswolski fut obligé de répéter ces déclarations à cause des craintes exprimées dans les périodiques allemands et des hardiesses de la presse en Angleterre et en Russie. Le projet d'entente entre les deux pays ne visait en aucune façon l'Allemagne. Les parties contractantes se mirent d'accord sur cette ligne de conduite et ce fut une des conditions bien définies avant toutes négociations.

Sans aucun doute, les faits l'ont démontré depuis, M. Iswolski était sincère en assurant que le rapprochement anglo-russe ne devait pas être considéré comme un défi à l'amitié éprouvée de l'Allemagne ni, à plus forte raison, comme une marque de séparation hostile. Le tsar et lui avaient l'impression que l'accord, limité à certains points précis, était compatible avec la continuation cordiale des relations russo-allemandes. L'arrangement, avec ses clauses nettement définies, fut signé en août 1907. La rédaction ne contenait aucune expression qui pût être considérée comme un acheminement à une entente sur d'autres questions territoriales et politiques. M. Iswolski m'assura encore, à cette occasion, que nous n'avions aucune raison d'être inquiets. Il se déclara prêt à conclure aussi avec nous un accord pour la création d'une ligne de chemins de fer en Perse, se rattachant à celle de Bagdad. Je débattis avec lui les points principaux de ce projet, mais ne pus conduire à leur fin les négociations, ayant été dans l'intervalle appelé à la tête du ministère des Affaires étrangères. L'accord fut signé seulement quelques années plus tard, à l'occasion de la visite du tsar à Potsdam, dans l'automne de 1910, par le successeur d'Iswolski, M. Sazonow, après que nous eûmes raison des préjugés russes concernant nos prétendus plans en Perse, de la crise bosniaque et de ses conséquences. Le nouveau ministre me donna l'assurance de ses intentions amicales et accepta une convention qui stipulait que les deux puissances ne se laisseraient entraîner à rien qui pût provoquer la moindre divergence entre elles. Je ne crois pas que cette convention fut enregistrée et signée. Un accord, d'abord ébauché pour le maintien du *statu quo* dans la Baltique, fut conclu peu avant mon départ de Saint-Pétersbourg. M. Iswolski en était l'instigateur. Il s'efforçait visiblement de maintenir les bonnes relations existantes.

Sauf dans les milieux responsables, l'ac-

cord russo-anglais, aussitôt après sa ratification, fut considéré comme un événement
de haute politique et d'une portée plus vaste
que le suggérait son contenu. En parlant
beaucoup de cette première réalisation, on en
arriva à parler d'une autre : d'un groupement
de puissances dirigé contre l'Allemagne et,
parfois, d'une Triplice. M. Iswolski, lorsqu'on
abordait ces sujets, levait les épaules et prétendait qu'il s'agissait de racontars inadmis-
sibles, qu'une Entente franco-russo-anglaise
était simplement une création fantaisiste de
la presse, qu'elle n'existait pas et n'était
même pas envisagée. Cela était peut-être
vrai alors, mais ne le resta pas. Peu à
peu naquirent certains indices. Les hommes
d'État de l'Ouest avaient l'intention d'attirer
la Russie dans leur cercle, et ces désirs devinrent des réalités. M. Iswolski, obéissant à la
volonté du tsar, opposa tout d'abord une
certaine résistance, devint hésitant, puis,
avec le temps, accommodant. Il le fut plus
encore lorsqu'il reconnut que la route qu'il
pensait prendre pour l'expansion de l'Empire russe, la route de Constantinople, deve-

naît peu abordable. Elle menaçait même d'être barrée (celle de l'Est asiatique l'était déjà), par suite de notre amitié toujours plus forte avec la Turquie et de l'avance très sensible de l'Autriche-Hongrie dans les Balkans sous la conduite d'Æhrenthal. La route de Constantinople *par Berlin et Vienne* ne lui paraissant plus praticable, il lui fallut bien en chercher une autre et aussi un nouvel appui. Il prévoyait que cette politique ne se ferait pas sans de grosses difficultés, que l'Autriche ne se laisserait pas de bon gré supplanter dans les Balkans et demanderait aide et protection à l'Allemagne. Les obstacles étaient réels, ils promettaient de s'aggraver, un conflit prochain paraissait inévitable. Pour y faire face, la Russie se sentait trop faible, mais elle s'efforça de gagner du temps pour se fortifier et accepta les offres extérieures. On ne peut guère douter que ce fût là le but de la rencontre du tsar et du roi d'Angleterre, avec les deux ministres des deux pays, à Reval, en juin 1908. Elle était, soi-disant, une confirmation et un renforcement de l'accord russo-anglais, conclu un an avant. On nous assura à nouveau que rien ne fut dit, ni décidé, qui pût être considéré comme *une pointe dirigée contre l'Allemagne.*

La presse allemande fit remarquer, sur un ton de blâme, qu'il était regrettable que rien n'eût été tenté, ou tout au moins rien d'approprié, pour contrecarrer le rapprochement russo-anglais. Le seul moyen efficace aurait été de supprimer les circonstances impérieuses qui forçaient la Russie à se porter du côté de l'Angleterre, ce qui n'était pas à envisager. Les questions qui s'agitèrent lors de l'accord russo-anglais ne restaient pas dans notre rayon d'action. Notre influence ne put s'exercer que lorsque les affirmations rassurantes de nos partenaires ne nous suffirent plus et seulement en cultivant plus étroitement les relations amicales à la base desquelles était la traditionnelle union dynastique. Rien ne fut négligé dans ce sens. Un moyen d'entraver cette orientation aurait été un coup hardi sur l'échiquier de la haute politique. Le moment n'était pas favorable. L'expérience a montré, par l'accord de

Björkö, les résultats que l'on peut attendre
en comptant seulement sur les conversations
diplomatiques et la bonne volonté.

Le moment critique de la politique intérieure russe arriva immédiatement après les
troubles révolutionnaires et l'état de fermentation qui amena l'enfantement et la
dissolution de la Douma. Le représentant
officiel allemand observa une attitude tout
à fait neutre, suivant les principes. Le gouvernement russe, principalement M. Iswolski,
était enclin à trancher les questions qui tou-
chaient à la fois à la politique extérieure
et à la politique intérieure (limites qu'il
n'est pas toujours facile de déterminer exactement) au profit de cette dernière. C'est
ainsi que le ministre ne voulut point d'abord
admettre une requête que j'eus mission de
lui présenter. Les rigueurs extraordinaires
du gouvernement russe contre la population
juive amenèrent l'exode de celle-ci au delà
de la frontière, de sorte que nos villes et nos
villages limitrophes étaient surpeuplés. Il
considéra ma réclamation comme une immixtion inadmissible dans les affaires inté-

rieures. J'eus de la peine à le convaincre que de telles questions, qui concernaient deux parties, devaient être envisagées d'un commun accord. Je lui fis observer que le gouvernement russe, dans de pareilles circonstances, fut plus large. Il s'agissait d'empêcher l'immigration en Russie d'éléments apparemment allemands. Le parti libéral russe affirma énergiquement et, en cela, appuyé fortement par l'extérieur, que l'ambassade allemande exerçait une pression active dans le sens réactionnaire ; elle transmettait, appuyait une correspondance assez vive de l'empereur au tsar. Ceci était une invention méchante et une manœuvre tendancieuse. Aucune lettre, aucun télégramme de l'empereur ne sont passés par mes mains. Je n'ai jamais eu l'ordre de m'immiscer dans les affaires intérieures de Russie et, à plus forte raison, je n'ai jamais rien entrepris de semblable. L'empereur et le tsar s'écrivaient personnellement, cela est connu et ne peut étonner. Il est aussi vraisemblable que ces lettres traitaient des sujets politiques, mais même l'œil le plus exercé ne pourra trouver dans les lettres du kaiser, publiées entre temps, des tentatives déplacées d'influencer le tsar, surtout dans le sens réactionnaire.

L'espoir des souverains de voir la situation intérieure de l'empire tsariste s'améliorer, après la mise en vigueur de la constitution libérale, ne se réalisa pas. Le vote pour l'élection de la première Douma se fit dans un calme relatif, et l'ouverture fut présidée par le tsar, au Palais d'hiver. C'était la première fois que, depuis deux ans, il quittait le calme Tsarskoïé-Sélo pour la capitale. Ce Parlement se révéla bientôt plutôt comme un foyer de passions dissolvantes, que comme l'appui ferme et solide d'un nouvel édifice. Il prit de telles allures révolutionnaires qu'il fut dissous. Les tentatives révolutionnaires, les attentats même, devinrent fréquents. La capitale était toujours en état de *protection :* fortes levées de police et de troupes en province, randonnées effrénées de cosaques.

Ces circonstances me créèrent des difficultés, m'empêchèrent de remplir une de mes

obligations protocolaires, la première réception officielle. Non seulement dans les États
monarchiques, mais aussi dans tous ceux qui
envoient ou reçoivent des ambassadeurs,
existe l'antique usage, pour l'ambassadeur
nouveau venu dans les milieux où son activité doit se déployer, et avec lesquels il
doit avoir des relations, de faire sa première
visite en grande pompe, comme représentant personnel de son souverain, ou de la
souveraineté nationale de son pays. Il serait
logique que l'ambassadeur prît de telles dispositions dès son arrivée ; cependant, en général, on a renoncé à cet usage, souvent con-
trarié par des empêchements extérieurs. Nulle
part, plus qu'à la cour russe, on ne tenait
tant à la réception grandiose des ambassadeurs, avec une forme et une étiquette bien
définies — on les désignait par le mot italien
ricivimiento. Les invitations partaient au
nom de l'ambassadeur, mais, en réalité, venaient du maître des cérémonies de la cour,
et, seules, les personnes de la cour et du
monde officiel devaient en recevoir. Les relations personnelles ne comptaient pas et ne

pouvaient y prendre part. La fête à laquelle on devait venir en grand uniforme ou costume de cour ne pouvait avoir lieu que lorsque l'ambassadeur et l'ambassadrice avaient été reçus plus ou moins cérémonieusement par les souverains russes et aussi par les grands-ducs et grandes-duchesses. Ces formalités me prirent un certain temps et les cérémonies de réception furent reculées à cause de l'insécurité de la capitale. Ce fut seulement environ un an après mon entrée en fonctions que la solennité put s'accomplir, et on la considérait encore comme risquée. Grâce aux nombreuses mesures prises très discrètement, elle se passa sans incidents.

J'éprouve encore une joie immense et un sentiment de profonde reconnaissance, en pensant à la situation exceptionnellement brillante des Allemands à Saint-Pétersbourg, à Moscou et autres villes, et à leurs relations actives et pleines de confiance avec les représentants officiels de leur pays. La colonie allemande était nombreuse, plus forte que celle des autres pays, elle avait un esprit de corps qui s'affirma à maintes reprises.

La plupart de ses membres étaient à la tête de situations en vue, dans le commerce et l'industrie. En tout ce qui concerne les œuvres de civilisation, de bien-être, d'intérêt patriotique, elle donnait un exemple éclatant. Le représentant officiel allemand pouvait être fier de se consacrer à la direction d'une telle communauté morale. Les *colons*, ainsi nommés, appelés en son temps, par la grande Catherine, installés pour la plupart dans la région du Volga et du Dnieper, étaient dans une situation florissante, avaient conservé la langue et l'esprit allemands, mais ne se trouvaient plus sous la tutelle du représentant officiel de l'empire. Il en était de même des Allemands de la Baltique, depuis longtemps devenus sujets russes. Tous ces derniers restés au fond Allemands, autant que les Allemands d'empire, avaient, en général, de bonnes relations avec leurs voisins russes. Pendant la révolution, ils eurent cependant à subir quelques vexations passagères. Un petit groupe, composant la paroisse catholique allemande à Saint-Pétersbourg, avait à se plaindre des tracasseries de l'élément polo-

nais. Comme il s'agissait là moins d'une affaire confessionnelle que d'un intérêt national, je m'occupai de cette petite communauté et, grâce à l'obligeance amicale du
gouvernement, je pus faire reconnaître son
indépendance et lui faire aménager une
chapelle. De même, lorsque je fus ambassadeur à Paris, également pour des raisons nationales, je me consacrai à la fondation de
la paroisse évangélique allemande et à la
construction d'une église.

Dans de nombreux cas, où j'eus personnellement à m'adresser au tsar pour des questions politiques, je l'ai toujours trouvé,
même pris à l'improviste, très au courant
des affaires en question, et disposé à les discuter à fond et avec franchise. C'était la
preuve du bien-fondé de l'opinion de ceux
qui, contrairement à l'idée généralement
admise, reconnaissaient au souverain une
science et une connaissance politiques très
étendues, et qui louaient en lui, avant tout,
le sentiment du devoir, une activité infatigable et une haute conscience. Il possédait
aussi des dons de compréhension très prompte

et de repartie très vive. Son naturel obligeant, sa manière calme et même réfléchie d'examiner les questions excitantes facilitaient les discussions. Il avait cependant un manque de confiance en lui-même, une certaine timidité et une modestie qui le rendaient hésitant et retardaient ses décisions. Par là, les influences contraires avaient une forte prise sur lui. Le plus souvent, il subissait l'emprise de celui qui avait eu l'occasion de lui parler le dernier. S'il n'avait pas un caractère fort et résolu, il était, par contre, exempt d'impulsions vives et de passions désordonnées. A défaut des qualités nécessaires à un empereur, il possédait celles d'un époux modèle, d'un véritable père de famille, qui se plaisait au milieu des siens et particulièrement dans la chambre de ses enfants. Son penchant, si fort et si fâcheux, au mysticisme et aux doctrines fatalistes était héréditaire. Constatation surprenante, cette disposition était encore plus développée chez la tsarine que chez le tsar. La dureté, souvent reprochée à Nicolas II, ne relevait pas de sa bonne nature, elle était plutôt le résultat d'influences désastreuses. Dans la caste des barines russes, on était persuadé (et cela de tradition), que la puissance de l'autocrate n'était entière aux yeux des moujiks que s'il disposait, sans émotion humaine, mais avec l'impassibilité sereine d'une divinité, du droit de vie ou de mort sur ses sujets. La faiblesse du tsar à réagir contre ces impressions regrettables fut la cause de la funeste destinée de l'empire et de la tragique catastrophe où il succomba avec les siens.

Nous eûmes des rapports officiels actifs avec le ministre des Affaires étrangères, comte Lamsdorf, et son successeur, M. Iswolski, le président du Conseil, comte Witte, et M. Stolypine. Le comte Lamsdorf était un homme dont les idées et les actes reflétaient exactement la tradition de l'ancien régime russe : garder une attitude condescendante vis-à-vis des autres puissances, n'admettre à l'intérieur aucun autre principe que l'autocratie. Son esprit conservateur, de même que celui de la cour, l'attirait vers nous, mais il se croyait si haut placé qu'il nous considérait à peine plus que des amis dont on accepte les services sans obligation de les rendre. La France, par ses idées démocratiques et sa position de créancière, ne lui était pas sympathique. Mais l'alliance avec la République était une carte dans le jeu russe, atout qu'il ne pouvait pas dédaigner. L'Angleterre demeurait le vieil adversaire ; l'Autriche-Hongrie, considérée comme soutien du parti conservateur avec une direction aristocratique, se rapprochait le plus de ses vues. Les idées de M. Iswolski n'étaient pas très différentes de celles de son prédécesseur ; cependant, il était plus pondéré, plus souple, plus ambitieux, plus changeant. La directive de son ministère fut le rapprochement avec l'ennemi séculaire, l'Angleterre, et l'éloignement de l'Autriche-Hongrie, éloignement qui se transforma en inimitié après la défaite de la politique russe en Bosnie.

Le comte Witte est un des rares hommes d'État russes qui aient compris prématurément la nécessité de combattre les progrès de la révolution intérieure en brisant les visées libérales. Il suivit son plan malgré de fortes oppositions et, parmi les plus redoutables, celle de la cour. Il fut le créateur du *manifeste d'octobre*, par lequel le tsar donnait à la Russie une *magna charta*, mais il ne put continuer cette politique. Il n'était pas sympathique au tsar à cause de ses manières peu raffinées et d'une certaine tendance à le mettre en tutelle. Il ne voulut jamais lui confier une trop grande autorité et le laissa tomber au moment où la première Douma d'empire se réunissait. Pendant la courte durée de la Douma, le gouvernail de l'État fut entre les mains du conservateur Goremykine, qui s'entoura de quelques ministres libéraux. Il avait été appelé au pouvoir visiblement par des considérations purement personnelles. On lui confia la tâche d'essayer de retenir la Douma sur la pente du radicalisme ; il ne put la mener à bonne fin.

Son successeur fut M. Stolypine. Sans tomber dans la réaction, il rétablit l'autorité du pouvoir fortement ébranlée, il essaya de calmer les esprits surexcités, en inaugurant une grande réforme agraire, intéressante et utile aux paysans. Il fut l'objet d'un attentat, des bombes furent jetées sur sa demeure particulière. Plusieurs membres de sa famille furent grièvement blessés, plusieurs personnes tuées, il fut miraculeusement épargné, ce qui produisit sur les moujiks une profonde impression en sa faveur.

Parmi les hommes d'État éminents de l'époque, il faut citer le ministre des Finances Kokowzew. Grâce aux relations amicales que nous eûmes ensemble, je pus régler rapidement un cas difficile. Peu avant la mise en vigueur du traité de commerce russo-allemand, pour échapper à l'élévation des droits de douane, l'Allemagne avait envoyé beaucoup de marchandises en Russie. Elles ne purent pas toutes traverser à temps la frontière, faute de moyens de communication ; de là, plaintes des milieux commerciaux lésés, qui plaidèrent avec énergie leur cause, soit au Reichstag, soit dans la presse. Je reçus l'ordre d'essayer d'obtenir des dédommagements. Au point de vue droit, la question était douteuse, sa discussion semblait devoir donner lieu à de nombreuses contestations et la solution n'eût peut-être pas été satisfaisante. Je fis appel à l'équité et obtins de M. Kokowzew la garantie immédiate d'indemnités, qui ne déçurent pas l'attente de nos nationaux. De tout temps, on s'était plu à juger les représentants diplomatiques sous un jour défavorable et l'on aimait à répéter que leur manque de connaissances commerciales engendrait de nombreux insuccès. Les récriminations du commerce allemand cessèrent, mais dans la presse, on ne parla point, ou peu, du résultat satisfaisant obtenu. Humainement, cela était explicable, mais d'autant plus regrettable qu'aucune preuve formelle de l'insuccès de l'activité diplomatique n'était passée sous silence.

Parmi les ambassadeurs d'autres puissances, accrédités auprès du gouvernement russe, il faut nommer l'ambassadeur d'Autriche-Hongrie, le baron, plus tard comte Æhrenthal, et son successeur le comte Berchtold, tous deux plus tard ministres des Affaires étrangères. Le comte Berchtold, ultra-conservateur, ne pouvait guère s'entendre avec le nouveau gouvernement russe et le ministre Iswolski. Il connaissait trop, pour les avoir étudiés de très près, les buts et les méthodes de la politique russe, pour ne pas la considérer en ennemie. Il ne put se résoudre à essayer de surmonter les obstacles, comme on réussit à le faire quelques années auparavant, lors de l'accord de Mürzsteg. Le colosse russe affaibli ne lui paraissait plus être une force capable d'exercer une pression victorieuse. Le moment était venu, où, même au prix d'un conflit sérieux, la monarchie du Danube ne devait plus se laisser supplanter dans sa marche pour la domination dans les Balkans. Au contraire, elle pouvait manifester son opinion par des actes en comptant sur la force, jusqu'alors endormie, mais non éteinte, de sa nation, comme sur l'appui de son alliée allemande. Ce calcul était juste, mais les vues politiques du baron Æhrenthal n'étaient pas allées assez loin. Il n'avait pas prévu que si la Russie était obligée de se retirer de l'arène orientale, elle chercherait avec plus d'ardeur un autre appui et que, lorsqu'elle se sentirait assez forte, elle reprendrait sa marche interrompue vers le but

constant, Constantinople. Le comte Berchtold, successeur du baron Æhrenthal, assista
au rapprochement russo-anglais sans pouvoir prendre une autre attitude que celle de
spectateur. A Vienne, la politique d'Æhrenthal fut de continuer la lutte pour les Balkans. Il est connu que le foyer entretenu
aux Balkans alluma la guerre mondiale.

Le représentant de la Grande-Bretagne à
Saint-Pétersbourg, sir Arthur Nicholson, se
fit remarquer à Algésiras comme un de nos
plus acharnés adversaires. Il eut pour tâche
de conduire les négociations pour le règlement des questions asiatiques. Il me dit à
plusieurs reprises qu'en Angleterre, aucune
pensée hostile n'était dirigée contre l'Allemagne et ajouta à dessein que, personnellement, il ne nourrissait aucun sentiment désobligeant pour nous, affirmation
qui me fit songer à un proverbe français bien
connu.

L'ambassadeur français, M. Maurice Bom-
pard, homme d'une vaste érudition, principalement dans le domaine économique, de
caractère simple, presque timide, très diffé-

rent de celui de son prédécesseur, le très mondain comte Montebello, eut un rôle très délicat et difficile, répondant aux relations qui découlaient du traité d'alliance. Il causa du mécontentement par la façon dont il voulut faire pénétrer en Russie l'activité industrielle française. Il entreprit, sans l'autorisation du gouvernement russe, des voyages dans le Donetz, et essaya malencontreusement d'influencer le parti libéral de la Douma, les *Cadets*. Il fut bientôt en désaccord avec M. Iswolski et dut se retirer. Ce fait est caractéristique et intéressant, il montre quelles sont les limites dans lesquelles doit s'enfermer l'activité diplomatique.

Mon séjour à Saint-Pétersbourg ne fut pas de longue durée. Après une année et demie à peine, je fus appelé à la direction du ministère des Affaires étrangères.

CHAPITRE III

JE SUIS SECRÉTAIRE D'ÉTAT AUX AFFAIRES ÉTRANGÈRES

Lourdes responsabilités du ministère. — Une conversation avec le chancelier. — Visite du kaiser en Angleterre. — Le chemin de fer de Bagdad. — Accords concernant la mer du Nord et la Baltique. — Attitude de la Direction de la Marine. — Mes débuts au Reichstag. — Le nœud bosniaque. — Aehrenthal et Iswolski. — Suites de la crise. — L'affaire de Casablanca. — Accord franco-allemand pour le Maroc en 1909. — Relations avec l'Amérique. — Incident Hill. — Affaire du *Daily Telegraph*. — Bülow se retire. — Mes relations avec le chancelier. — Bethmann-Hollweg succède au prince. — Inquiétudes allemandes. — L'affaire Mannesmann. — Polémiques. — La diplomatie allemande. — Il est question de l'autonomie de l'Alsace-Lorraine. — Réprimandes. — Mes relations personnelles avec Guillaume II.

Je fus nommé secrétaire d'État du ministère des Affaires étrangères en automne 1907, à la place de M. von Tschirschky dont la situation était chancelante. Cette nomination me surprit, je ne la désirais pas. Lorsqu'on a occupé pendant de longues années des postes à l'étranger et que l'on est parvenu, en franchissant tous les degrés hiérarchiques, à la situation d'ambassadeur, liée à tant d'agréments et de distinctions, entre autres l'honneur d'être le représentant personnel du souverain, il n'est pas facile de se décider à accepter une fonction qui est loin d'avoir les mêmes avantages et qui cause plus de déboires que de satisfactions.

Les charges de cette situation étaient lourdes et plus d'un l'avait refusée. Le baron von Marshall, M. von Tschirschky, avaient dû se retirer pour cause de maladie. La multiplicité des affaires m'effrayait plus que leur poids. Je n'étais pas un novice ; cependant, je prévoyais beaucoup de cas avec lesquels je n'étais pas familiarisé. Il ne s'agissait plus maintenant, comme à l'étranger, d'exercer mon activité sur un terrain limité et suivant des principes admis et exigeant du doigté, mais de diriger, de gouverner, à l'intérieur et à l'extérieur, à travers le monde.

Je connaissais aussi en partie la vieille et

insuffisante organisation du ministère des Affaires étrangères. Au secrétaire d'État étaient adjoints deux sous-secrétaires, des chefs de sections et des conseillers éprouvés, mais il manquait à la principale place, à la direction politique, un aide compétent et autorisé. Le secrétaire d'État devait donc s'occuper lui-même de cette direction. Ce poste aurait demandé un homme se consacrant exclusivement aux affaires politiques, habitué depuis longtemps aux travaux du ministère, connaissant tous leurs précédents et la manière de les traiter. Le secrétaire d'État qui devait diriger le tout, pris par de nombreuses obligations, rapports avec la cour, les diplomates étrangers, le Reichstag, le Conseil des ministres, le Conseil des États, les réceptions inévitables, n'avait plus le temps nécessaire pour travailler tranquillement, étudier les affaires importantes. Cet aide politique ne devait pas forcément être un personnage extraordinaire comme le fut M. von Holstein, lequel, d'ailleurs, ne fut jamais « directeur politique », mais « conseiller référendaire ». Il avait su exercer une certaine influence, non seulement sur le secrétaire d'État, mais aussi sur le chancelier, ce qui fut parfois importun et pas toujours très utile.

Les obligations parlementaires me causèrent aussi une certaine inquiétude. Il n'est pas donné à tout le monde de pouvoir parler devant une assemblée solennelle, à des auditeurs enclins à critiquer, de prononcer, souvent sans aucune préparation, des paroles que le télégraphe disperse à travers le monde, être prêt à des questions qui, au Reichstag plus que dans aucun autre parlement, touchent les affaires politiques les plus secrètes, les coins les plus cachés de l'administration, les plus petits actes et gestes des représentants à l'étranger. Le procédé adopté par les ministres anglais de ne pas répondre ou seulement de répondre par quelques mots évasifs aux questions embarrassantes ne pouvait pas être employé au Reichstag. Toutefois, le comte von Bülow m'encouragea à accepter ce lourd poste. Il me promit de m'aider de ses capacités, de ses connaissances et de son expérience. Enfin, le sentiment qu'un autre homme aurait été mieux préparé que moi à remplir cette fonction n'aurait sûrement pas été accueilli comme prétexte à un refus et je dus me résigner.

Avant de prendre possession des services ministériels, je désirais m'entendre avec le chancelier sur la manière d'envisager mes nouveaux devoirs et les moyens que je devais employer. Je partais de ce principe que le représentant du chancelier dans le domaine des Affaires étrangères ne pouvait pas suivre une autre voie que celle tracée par l'homme responsable de la politique. Une autre directive ne m'aurait pas paru compatible avec ma conception de la situation. Pas d'entêtement opiniâtre; dans le cas de désaccord qu'aucun arrangement n'aurait pu solutionner, il ne me serait resté qu'à sacrifier ma conviction ou à me retirer. Des premières conversations que j'eus avec le prince, il résulta une entente parfaite. Il fut décidé de maintenir et de renforcer la situation de l'Allemagne au milieu d'un monde en général hostile, et cela non pas au moyen d'un cliquetis de sabre ou de mots menaçants, mais par une progression tranquille, réfléchie, sur le chemin choisi. Les éléments d'inquiétude en Europe provenaient surtout des divergences entre la France, l'Angleterre et nous : question de l'Alsace-Lorraine, question de la situation mondiale, constructions navales, etc. Nous n'aurions pu les écarter que par un recul, indiquant, de notre part, l'abandon d'intérêts vitaux, nous n'y avons jamais songé. On s'efforça seulement d'arrondir les angles, de diminuer les surfaces de frottement, de faire naître des ententes sur d'autres points que ceux de ce terrain brûlant, enfin, de dissiper, en général, cette défiance qui pesait sur nous. Le comte de Bülow approuva complètement mon idée de gagner à notre cause les petits États voisins, et d'arriver par ce moyen à un soulagement général. Nos avis se rencontrèrent aussi lorsqu'il fut question d'établir avec le Reichstag un contact actif en tout ce qui regardait la politique extérieure, ce qui n'existait pas jusqu'alors. De même, il fut décidé, pour le choix des représentants diplomatiques, de faire appel à de nouvelles personnalités sans préjugés et comprenant l'esprit du moment.

Je pris la direction du ministère des Affaires étrangères le 4 novembre 1907. J'eus à mes côtés le sous-secrétaire von Muhlberg, homme d'une capacité éprouvée. Il fut envoyé ensuite comme ambassadeur au Vatican. L'ambassadeur à Téhéran, Steinrich, lui succéda.

A peine installé, j'eus à accompagner l'empereur et l'impératrice à la cour du roi d'Angleterre. Outre le devoir de politesse, cette visite avait pour but d'essayer de créer une atmosphère qui pourrait aider à l'amélioration de nos relations. Ces relations n'étaient plus les mêmes qu'au temps de la reine Victoria, du premier ministre lord Beaconsfield et de lord Salisbury. Elles étaient correctes, mais manquaient de chaleur. La guerre böer avait jeté le premier froid. Le gouvernement anglais reconnaissait avec un certain sentiment de gratitude que, dans notre égoïsme, nous n'avions rien fait pour aggraver sa situation difficile, mais l'opinion publique allemande était en faveur des Boers. La dépêche connue du kaiser avait agi comme une douche d'eau glacée. Notre grand succès dans le commerce mondial, la rivalité (favorable pour nous) avec l'Angleterre, la mise en chantier d'une puissante flotte avaient inquiété le gouvernement britannique, qui se sentit menacé dans ses intérêts vitaux, et prit une attitude de plus en plus inamicale. Cela l'amena à conclure avec la France l'*Entente cordiale* et à essayer d'y attirer la Russie. La presse anglaise, très active, considérait comme de son devoir d'empoisonner de plus en plus l'atmosphère des relations avec l'Allemagne. Des résistances se formèrent en Angleterre, les milieux bien intentionnés cherchaient à maintenir un rapprochement avec l'Allemagne sur le terrain de la civilisation, mais ces bonnes dispositions des deux nations restèrent sans effet apparent et ne purent annihiler des différends aussi sérieux.

La visite projetée s'effectua d'une façon qui dépassa toutes les prévisions. Le discours de l'empereur au premier banquet, à Windsor Castle, dans lequel il rappela avec chaleur des souvenirs de jeunesse, son respect pour

la grande reine disparue, fut le point de
départ de relations tout à fait amicales entre
les souverains allemands et anglais. Le roi
Édouard et la reine Alexandra exprimèrent
à leur tour le plaisir que leur donnaient cette
visite et les sentiments aimables qui en résul-
taient. De la part de la population, la réception fut plus que correcte et alla jusqu'à la
cordialité. On avait compris, par le discours
de l'empereur, que des liens étroits le ratta-
chaient à la nation anglaise et l'on sentait
que son désir ardent et sincère était de voir
les deux nations se mieux comprendre.
Londres acclama le couple royal, à son passage à travers la ville. Il se rendait à l'hôtel
de ville de la Cité, au Guildhall, pour y recevoir, suivant l'ancienne coutume, l'hospitalité
des bourgeois. Un jour d'automne extraor-
dinairement beau ajoutait sa note favorable.
Un mot que l'empereur prononça, en réponse
aux souhaits de bienvenue du lord-maire,
électrisa ses auditeurs. Il leur dit qu'il avait
été profondément et agréablement touché,
lorsqu'en parcourant la ville pavoisée, il
avait pu lire, écrite en lettres géantes, cette

sentence du poète : *le sang est plus épais que l'eau.* Au banquet, l'empereur rappela les sentiments amicaux de l'Allemagne pour l'Angleterre et le vœu général de tous pour des relations plus intimes. Sir Edward Grey, le ministre anglais des Affaires étrangères, mon voisin de table, était visiblement ému, et nous nous promîmes, en nous serrant chaleureusement la main, d'employer toutes nos forces et d'exercer toute notre activité dans le sens du discours du kaiser.

La coutume, à la cour anglaise, était d'inviter les ministres et autres personnalités importantes à Windsor Castle pour leur permettre de causer sans contrainte avec l'empereur. Cette cérémonie nous paraissait infiniment heureuse et capable d'impressionner favorablement les visiteurs, mais aucun arrangement spécial ne fut pris. Nous eûmes à envisager des questions politiques avec les hommes d'État anglais. En règle générale, de telles conversations ne devaient avoir lieu qu'en ma présence ou celle de l'ambassadeur, comte Metternich. Des circonstances extérieures nous empêchèrent d'as-

sister à ces entrevues. L'empereur ne manqua
pas de nous en faire part aussitôt que possible. L'occasion ne lui en fut donnée qu'assez
tard dans la nuit, après les fêtes. La principale question, celle des constructions navales, était de nature trop épineuse et ne fut
que légèrement effleurée.

Par contre, le chemin de fer de Bagdad
était un sujet qui, impartialement traité, pouvait donner lieu à un accord. L'Angleterre
ne paraissait pas envisager cette question
avec plaisir, car elle la considérait comme
un danger pour un intérêt important, celui
d'une voie d'accès aux portes de l'Inde ;
quelques hommes d'État anglais, parmi eux
le secrétaire d'État pour l'Inde, craignaient
de ne plus pouvoir amener de troupes dans
cette colonie, dans le cas où l'Allemagne
demeurerait seule maîtresse du chemin de
fer. Si l'on voulait obtenir un accommodement sur cette question, ce ne serait qu'en
envisageant un condominium avec l'Angleterre pour ce chemin de fer. L'empereur proposa de poursuivre l'établissement de la voie
jusqu'au golfe Persique et ce, en commun.

Le point terminus, le port du golfe, pourrait être entre les mains anglaises, sous cette condition que la porte en resterait ouverte comme débouché pacifique. Cette proposition fut bien accueillie et avec vif intérêt du côté anglais. Lord Haldane, ministre de la Guerre anglais, un chaud partisan des relations amicales anglo-allemandes, la soumit de suite, en l'appuyant fortement, à son ami Edward Grey. L'idée parut aussi à ce dernier très intéressante et j'eus l'occasion d'en causer longuement avec lui. Il proposa un examen approfondi et en commun, émit le désir que les Français et les Russes fussent invités à y prendre part, afin de régler cette question d'une façon satisfaisante pour tous. Nous n'avons pas cru devoir nous engager plus avant, sans danger pour notre situation. Nous nous serions trouvés seuls aux débats contre trois partenaires peu bienveillants. Il ne me parut pas non plus utile de donner à la France et à la Russie, qui n'avaient là-bas qu'un intérêt limité, le même poids qu'à l'Angleterre, très fortement intéressée. On pouvait aussi se demander si sir Edward Grey, en proposant la participation de ces deux puissances sur un pied d'égalité, ne voulait pas, aux yeux de tous, faire reconnaître le nouveau groupement.

Le kaiser, après dix jours passés à Windsor, se rendit au château d'Higg Cliffe, loué pour lui. Il devait s'y remettre d'un catarrhe opiniâtre, sous le doux climat de la côte anglaise. Je retournai à Berlin, à mes affaires du ministère.

Le premier grand problème que j'eus à résoudre fut la mise au point de l'accord garantissant le *statu quo* des conditions territoriales dans la mer du Nord, en liaison avec un projet semblable pour la Baltique. L'idée de ce dernier émanait du ministre russe Iswolski. Il avait pour principal but de calmer la Suède, inquiète des entreprises russes sur les îles d'Aland et sur les côtes scandinaves. L'accord de la mer du Nord avait déjà été élaboré au ministère des Affaires étrangères pendant mon temps de service et venait du désir de donner à l'Angleterre une preuve de nos tendances rassurantes et, par là même, de servir la paix européenne. Ces deux plans secondaient les arrangements que l'Angleterre avait conclus avec la France et l'Espagne, concernant les côtes de l'océan Atlantique et la Méditerranée. Le gouvernement britannique accepta aussitôt les négociations, mais prit position, comme il l'avait fait pour l'affaire du chemin de fer de Bagdad. Il souhaitait que l'accord ne se fît pas, comme nous le pensions, seulement entre l'Allemagne et l'Angleterre, mais aussi entre tous les États côtiers. La chose prenait un tout autre aspect, elle diminuait d'importance pour nous, *allongeait la sauce*. Toutefois, nous pouvions admettre le projet anglais, bien qu'il ne répondît pas à notre idée première. Une entente sur de plus larges bases, en contribuant à atténuer la défiance de nos voisins, grands et petits, envers nous, pouvait améliorer nos relations avec l'Angleterre. Sir Edward Grey eut-il le désir d'élargir l'accord pour s'efforcer d'obtenir la paix générale, ou bien, par antipathie personnelle, ne voulut-il pas traiter avec nous seuls de crainte que cela ne pût être interprété comme un rapprochement politique? Quoi qu'il en soit, nous ne pouvions, sans éveiller de la méfiance, *couper les ponts*.

Nous acceptâmes donc les pourparlers avec l'Angleterre et les États du Nord, la Suède, le Danemark et les Pays-Bas. La Norvège, avec laquelle nous avions conclu une convention de neutralité peu de temps auparavant, la Belgique, dont la neutralité était garantie par les puissances, en furent exclues. Restait la France. Était-elle à compter parmi les États du Nord? Elle y avait une courte étendue de côtes, un port, Dunkerque. Elle désirait y prendre part comme signataire de l'accord sur la pêche dans la mer du Nord. Était-ce là une raison cherchée et voulue? L'argument était valable. Les négociations s'ouvrirent donc entre cinq États. De part et d'autre, des demandes d'explications, des variations d'opinions, les faisaient traîner en longueur. Le vœu exprimé de signer en même temps l'accord de la mer du Nord et celui de la mer Baltique était difficile à réaliser. A la dernière minute, lorsque tout était prêt pour la signature de l'accord de la mer du Nord, les délégués des Pays-Bas

et du Danemark vinrent timidement présenter une motion contenant une reconnaissance de neutralité, et demander qu'on l'in-
sérât dans le texte. Je fis remarquer à ces
messieurs qu'en raison du caractère public
de l'entente, une pareille addition me paraissait un pléonasme. Les deux États, en vertu
de leur souveraineté, pouvaient à chaque
instant, pour toujours ou pour chaque cas,
se déclarer neutres. Si leur demande signifiait une neutralité permanente, reconnue
par tous les États de la mer du Nord, c'était
une question qui ne pouvait pas se traiter
aussi simplement, mais qui demandait de
nouvelles négociations et considérations de
la part des États participant à l'accord de la
mer du Nord et de la mer Baltique. J'étais
prêt à laisser de côté pour l'instant la requête
présentée, à ouvrir de nouveaux débats,
cependant je les priais de nous donner une
note écrite, avec l'exposé des raisons de leur
demande. Les deux envoyés n'insistèrent
pas et me dirent confidentiellement que cette
pensée ne venait pas d'eux, ni de leurs ministres, mais que c'était une fantaisie de

l'ambassadeur des Pays-Bas à Copenhague. Ce dernier fut bientôt rappelé par son gouvernement et, comme il voulait à nouveau renouer les négociations relatives à la neutralité, mis en non-activité.

Le 23 avril 1908, fut signé à Saint-Pétersbourg l'accord de la mer Baltique et en même temps, à Berlin, celui de la mer du Nord. Ces conventions furent accueillies partout avec plaisir et reconnaissance, surtout par les petits États, qui voyaient en elles une manifestation solennelle d'idées pacifiques. La Suède était parfaitement rassurée sur les îles d'Aland. La France se montra aussi satisfaite de l'accord. « Il constituait, comme me le dit l'ambassadeur français, le premier accord politique important avec l'Allemagne, depuis la guerre franco-allemande. » N'y avait-il pas dans ce propos une certaine satisfaction de voir que nos projets de traiter avec l'Angleterre seule n'avaient pu aboutir? C'est une question qui pouvait se poser, mais qu'il était impossible de résoudre, faute de preuves convaincantes.

Cet accord ne satisfaisait pas la Direction

de la Marine. Elle voyait là une atteinte
à la liberté de ses mouvements en cas de conflit. On put calmer ses craintes. Plus tard,
on reconnut que notre marine avait tendance
à se forger des idées politiques et à se frayer
des voies qui, non seulement n'étaient pas
toujours celles de la Direction de la politique
étrangère, mais qui, parfois même, lui étaient
opposées. Il ne peut exister qu'une seule
opinion sur ce principe fondamental : la
force de combat, sur mer comme sur terre,
n'est pas le but absolu, mais le moyen pour
arriver au but, l'autorité militaire est, jusqu'à
un certain degré, dépendante de la direction
politique générale. De même, pour l'extension maritime, aucune divergence n'est possible, puisque tout est réglé longtemps à
l'avance par une loi sur la flotte. Il ne faut
pas oublier que tout ce qui se fit chez nous
concernant la marine et son accroissement fut
discuté ouvertement. L'intérêt public, excité
et entretenu par une propagande active et
bruyante dans les milieux populaires, en
vue du développement de notre puissance
maritime, l'esprit qui régnait dans la marine,

conduisaient à de graves affirmations, fournissaient à l'étranger matière à des soupçons, aggravaient nos difficultés avec l'Angleterre et compliquaient fâcheusement les buts politiques du gouvernement. De là, des divergences entre les deux ministères, — ce dont il ne faut pas s'étonner. La marine est, comme l'armée, une image du patriotisme en éveil, un assemblage de forces nationales, cherchant satisfaction, non dans le repos, mais dans l'activité. Contrairement aux principes de la politique extérieure, animés de l'esprit de réflexion dans les négociations, la règle de la marine veut des décisions promptes, et s'appuie sur la conscience de sa force, c'est un point de vue différent. Son besoin d'activité la pousse à chercher sa propre voie, même au risque de troubler les sphères qui ne sont pas de son ressort. Le phénomène ne nous est pas particulier ; les autres nations le subissent. La marine est plus ou moins en froid, en tension continue, avec la Direction des Affaires étrangères.

Certains services de la flotte sont assez

souvent chargés, même en temps de paix,
de missions politiques, et, grâce à l'impression
de puissance qu'ils donnent, ils les remplis-
sent plus promptement et plus à fond. Les
officiers ont l'occasion de visiter les pays
étrangers, leurs villes principales, de pénétrer
dans la vie intime de ces peuples, surtout
aux colonies, où ils sont reçus en hôtes et
fêtés. Ces succès et ces avantages font facilement croire à un jugement très sûr de nos
marins en matière politique et les poussent
à « voler de leurs propres ailes ». Chez nous,
ces constatations ont été plus caractérisées
que dans les autres pays. Notre marine était
relativement jeune, issue d'une volonté
ferme, et créée, puis dirigée de main de maître.
Elle était, plus encore que l'armée, l'orgueil
de la nation, une image de la patrie, attirant
à elle le sentiment national. Plus qu'ailleurs,
en Allemagne, l'esprit militaire était profondément enraciné, grâce à notre développement historique, au service militaire obli-
gatoire, au penchant de la nature allemande
pour le déploiement extérieur de la force.
Il ne faut donc pas s'étonner que les chefs

de la marine aient essayé se se rendre indé-
pendants de la Direction des Affaires étrangères.

Il arriva qu'ils nommèrent des représentants consulaires allemands, leur confièrent
des choses tout à fait confidentielles sans en
référer au ministre compétent, sans s'em-
barrasser de considérations personnelles ou
professionnelles. Des divergences entre la
Marine et les Affaires étrangères empêchèrent
longtemps la réalisation du projet de loi sur
les « ressortissants de l'empire ». La Marine
croyait être plus documentée sur les besoins
et les désirs des Allemands à l'étranger que
le bureau central des Affaires étrangères,
qui se basait sur l'expérience et les avis des
représentants diplomatiques. Elle envisageait surtout la propagation de l'idée allemande à l'étranger et espérait l'obtenir
d'une façon plus intense en soustrayant nos
nationaux aux charges communes, particulièrement en les exonérant du service militaire. Les Allemands de l'extérieur, comme
pionniers du commerce, remplissaient, à son
sens, pleinement leur devoir envers la patrie.

Le ministère des Affaires étrangères estimait qu'on devait leur accorder des facilités pour leur service militaire, mais pas les en dispenser complètement. Un tel avantage était une injustice envers les Allemands de l'intérieur et une prime à l'émigration. L'expérience a démontré qu'il est bon et utile de ne pas relâcher les liens qui unissent les Allemands de l'extérieur à la mère patrie, mais au contraire de les resserrer. Cette opinion sur la marine fut défendue avec vigueur et énergie. Le chancelier Bethmann-Hollweg, qui déjà, comme secrétaire d'État, avait eu à s'occuper de la question, en était un partisan convaincu. Il fallut un nouvel examen, de nouvelles discussions et déclarations, les avis de nos représentants à l'étranger, pour amener le chancelier à la conception du ministère des Affaires étrangères, et finalement faire promulguer la loi dans ce sens.

Cette différence d'opinion entre les ministères ne facilitait pas la politique de direction des Affaires étrangères, elle lui créait naturellement de sérieuses difficultés. Nos relations avec l'Angleterre se tendaient de plus en plus, notre politique navale en était cause. La position insulaire de la Grande-Bretagne, ses ramifications à travers le monde, exigeaient une flotte puissante, plus forte que celle des autres nations. Elle prenait ombrage de notre programme naval et de la manière bruyante dont on en poursuivait la réalisation. Elle pouvait croire, au début, que notre plan de constructions ne serait pas complètement exécuté. Lorsque cet espoir fut déçu, elle prit des mesures, concentra une puissante flotte dans la mer du Nord, certainement dirigée contre nous, nous surpassa dans la mise en chantier de navires de combat géants, dits *dreadnought*, enfin essaya de nous intimider. La presse anglaise entra en campagne, de temps à autre un mot menaçant échappait à des orateurs responsables de par leur titre officiel.

Le résultat fut de nous confirmer dans notre volonté de lutte et, par suite, d'aggraver les différends en cours. C'est alors que naquit l'idée, faible d'abord, puis plus accentuée, d'une entente amiable. Les hommes d'État anglais exprimèrent le désir

d'un rapprochement ; ils allèrent même jusqu'à proposer une alliance. Ce projet ne
nous inspira pas assez de confiance pour
justifier un changement de politique. Le
premier pas sérieux pour la diminution des
constructions navales, sans parler de l'essai
avorté à la deuxième conférence de La Haye,
fut fait lors de la rencontre de Guillaume II
et du roi Édouard VII à Hombourg. Le roi
fut très prudent et laissa à sir Charles Harding, qui l'accompagnait, le rôle de négociateur. Les deux souverains n'agitèrent pas
cette question. Harding soumit au kaiser
un plan qui tendait à la réduction de nos
armements de marine, mais ne donnait sur
les intentions anglaises dans ce domaine
que des aperçus vagues. L'empereur n'hésita pas. Il était impossible d'établir une
entente sur une base unilatérale. Il protesta énergiquement contre cette affirmation
d'Harding que l'Angleterre était obligée de
montrer d'une manière effective sa supériorité. Les relations s'envenimèrent à un tel
point que l'inquiétude se manifesta des deux
côtés. On essaya de créer une atmosphère

plus cordiale par des visites de représentants de la presse, de maires, d'ecclésiastiques. Ces visites, encadrées de beaux discours, se passèrent de façon satisfaisante, mais la bonne impression qu'elles laissèrent ne put effacer l'effet fâcheux produit par des faits aussi graves.

Les perspectives d'avenir devenaient sombres. Elles décidèrent le gouvernement d'Empire à essayer de provoquer une détente. Le prince de Bülow estimait prudent de donner à l'augmentation de la flotte un caractère défensif, avec la préparation significative de sous-marins garde-côtes et de mines. Son idée ne put prévaloir contre celle des partisans de la réalisation d'une flotte de combat. Il ne restait plus qu'un terrain d'entente : les méthodes d'exécution de nos constructions navales. Les possibilités, de ce côté, étaient minimes, nous étions liés par une loi. Nous pouvions tout au plus retarder la mise en chantier de nouvelles unités, désarmer la défiance de l'Angleterre en donnant libre publicité à l'activité de nos arsenaux maritimes, prendre en considération l'idée de renoncer à l'augmentation de notre flotte dans l'avenir. On pensait obtenir, en retour, une déclaration de neutralité de l'Angleterre, espérance à laquelle je ne m'associai pas, car elle me paraissait sans chance de succès. Ce ne fut pas sans peine que l'on obtint l'adhésion du département de la marine à ces projets. L'amiral von Tirpitz s'opposa aussi à d'autres vues plus vastes du chancelier, jeta même dans la balance le lourd poids de sa démission. Les conversations, confidentielles mais non officielles, des hommes d'État ne s'ouvrirent pas sous des auspices défavorables ; finalement, elles échouèrent, on reconnut que nos propositions ne suffiraient pas à l'Angleterre. Les débats ne se poursuivirent pas jusqu'à la question de neutralité.

Un autre essai tendant à atténuer le différend anglo-allemand fut tenté par le nouveau chancelier von Bethmann-Hollweg, qui considérait l'amélioration de nos relations avec l'Angleterre comme un de ses devoirs les plus importants et les plus urgents. Il s'agissait de s'entendre sur la proportion, le nombre et le type des grosses unités. Nous étions décidés à accorder à l'Angleterre un certain avantage correspondant à ses besoins. Les conversations n'aboutirent pas non plus ; il ne fut pas possible d'établir des chiffres qui satisfissent les exigences des deux parties. La tentative fut donc vaine. Les conversations reprirent plus tard avec lord Harding, mais je n'étais plus à la direction du ministère des Affaires étrangères. On sait que les débats, à la base desquels était notre désir d'un accord de neutralité, ne donnèrent pas de résultats appréciables.

Un partisan convaincu d'un accommodement avec l'Angleterre était notre ambassadeur à Londres, le comte Metternich, homme plein de mérite, très au courant de l'esprit anglais, et doué merveilleusement pour prévoir. L'amiral von Tirpitz était son adversaire le plus décidé et le plus combatif. Plusieurs fois, dans les conseils de gouvernement, auxquels le comte Metternich avait été invité à prendre part, il y eut entre eux des discussions très vives. J'ai souvent pris fait et cause pour l'ambassadeur, très estimé dans les premiers temps par l'empereur. Plus tard, après mon départ du ministère, cet antagonisme devint si violent que la situation de notre représentant à Londres fut ébranlée et qu'il fut remplacé par le duc von Marshall.

Des divergences de vues surgirent aussi au sujet de notre politique dans l'Est asiatique. La concession chinoise de Kiao-Tchéou dépendait de la Direction de la Marine, qui y avait obtenu en peu de temps des résultats remarquables et pleins de promesses. Elle désirait les poursuivre. L'amiral von Tirpitz avait l'intention d'envoyer à Tsing-Tao, dès qu'elles se trouveraient disponibles, les troupes allemandes demeurées en Chine depuis l'expédition contre les Boxers. Il voulait faire de cette position une forteresse de première classe. Ce plan échoua. Les troupes, sur l'ordre du ministère des Affaires étrangères, furent rappelées en Allemagne. On peut juger maintenant, sans aucun doute, quel fut le meilleur point de vue.

Au commencement de mon service et

comme suite à la deuxième conférence de
La Haye, les chargés d'affaires compétents
préparaient à Londres une déclaration sur
le droit maritime. Presque toutes nos propositions furent admises. Un progrès sensible pour une protection plus efficace du
commerce libre et de la propriété privée était
ainsi réalisé. Les représentants anglais si-
gnèrent la déclaration établie, mais le gouvernement anglais, bien que ne la rejetant
pas d'une façon formelle, en a toujours
retardé la ratification. Il a eu ainsi les mains
libres pendant la guerre mondiale et a pu
profiter de cette liberté d'une façon qui
nous fut funeste. Ce procédé peut donner un
aperçu caractéristique de la politique anglaise, qui aime à se parer de l'étiquette
d'humanité et de droit.

Ma bonne étoile ne paraissait pas briller
le jour de mes débuts au Reichstag. J'étais
fiévreux. J'avais été fatigué peu auparavant,
je me sentais encore très abattu, mais,
comme il s'agissait du budget des Affaires
étrangères, je tenais à être à mon banc. Ce
fut une séance agitée. La salle était bondée,

mais la tribune des journalistes était vide.
Les représentants de la presse s'étaient formalisés, dans la dernière séance, d'un mot
peu parlementaire lancé par un député du
Centre. Ils faisaient grève. Le prince de
Bülow, en raison de ces incidents fâcheux, ne
voulut pas prendre la parole, mais je ne pus
me soustraire à ce devoir. Mon discours plut
mieux que je ne l'espérais. Mes déclarations
concernant le Maroc, l'accord de la mer du
Nord et de la Baltique, et quelques autres
affaires moins importantes, obtinrent un bon
accueil. J'avais pu préparer mon discours,
mais souvent, par la suite, pour des questions
à traiter immédiatement et à l'improviste,
cela ne me fut plus possible. J'ai éprouvé
que les discours improvisés avaient souvent
plus de succès, à cause de leur concision
et de leur ton naturel. Si le temps me manquait pour étudier l'affaire à fond, ou bien
si elle était épineuse et que chaque mot dût
être pesé, je m'aidais en lisant ma déclaration ou mon exposé. Cette manière a,
paraît-il, laissé une impression défavorable.
Grâce à l'opinion bienveillante du Reichstag,

le vote du budget se fit d'abord si bien que quelques restrictions proposées par la commission du budget furent annulées. Cependant, en troisième lecture, le Reichstag les rétablit, non par motif politique, mais en vertu du principe qu'il ne convient pas d'accorder à un ministre tout ce qu'il demande : c'est l'explication que me donna le principal promoteur de cette mesure.

L'annexion de la Bosnie et de l'Herzégovine à la monarchie habsbourgeoise, le 5 octobre 1908, ouvrit une ère de sérieuses préoccupations. On a souvent dit dans la presse que le gouvernement allemand fut le premier étonné de cet événement. *Ceci est faux.* Certainement, on pouvait prévoir une solution plus ou moins violente de la question des Balkans, depuis que la Russie et l'Autriche-Hongrie avaient abandonné la voie tracée à Mürzsteg, et voulaient chacune avoir la prédominance. Il était clair que le premier pas ne serait pas fait par la Russie, encore paralysée par des difficultés nombreuses, mais par la monarchie danubienne. Celle-ci, sous la conduite du baron

Æhrenthal, s'acheminait vers un déploiement de force, dont l'expansion ne faisait
que s'accroître. Le revirement politique en
Turquie, ses conséquences, qui soulevaient
la question de savoir si les votes pour le
parlement ottoman effectués d'après le congrès de Berlin, sous le contrôle de l'Autriche-
Hongrie, devaient aussi avoir lieu dans les
provinces de Bosnie et d'Herzégovine, soumises encore à la domination du sultan,
laissaient la porte ouverte à des conflits
très graves. Le baron Æhrenthal, un mois
avant l'annexion, avait voulu m'initier à ses
vues, lors d'une visite qu'il me fit pendant
un congé que je passais dans ma propriété
en Bavière. La déclaration d'annexion devait
se produire à une date à fixer. Il s'attendait
à de vives résistances du côté turc et du
côté russe. Il ne pouvait pas encore en fixer
le moment, qui dépendait de nombreuses
circonstances. Il pensait calmer la Turquie
en évacuant le Sandjak, dont la possession
militaire serait difficile en cas de conflit
armé. Du côté de la Russie, liée par ses engagements précédents, il ne prévoyait pas

de contestations tragiques. Elle n'était pas capable de réagir ; *l'ours grognera, grondera, mais ne mordra pas, ne griffera pas.* Dans le fond, les puissances européennes n'avaient aucune raison valable de se mêler de cette affaire. Il ne s'agissait pas d'un changement réel, mais seulement de forme. La Serbie, dont les vastes plans seraient annihilés, se débattrait, crierait ; *elle subirait les conséquences de son attitude.* Cette affirmation dévoila le véritable motif de cette détermination. Il ne s'agissait donc pas de rehausser l'éclat de la couronne des Habsbourg, ni de se dérober devant les élections turques, mais d'élever *un mur de bronze* pour arrêter les projets serbes qu'aidait la Russie.

Le baron Æhrenthal me demanda mon opinion, et s'il pouvait compter sur notre aide. Je lui répondis que je ne partageais pas son avis et ne croyais pas que les événements se dérouleraient aussi simplement qu'il le pensait. L'expérience faite avec le chemin de fer du Sandjak prouvait qu'il existait un groupe de puissances, qui saisirait avec empressement le plus petit prétexte pour combattre, avec les moyens les plus osés, les effets de l'influence austro-hongroise dans les Balkans. Je croyais aussi que *l'ours ne mordrait pas*, mais chercherait à créer le plus de difficultés possible. Quant à l'attitude du gouvernement allemand, je pouvais d'ores et déjà lui assurer qu'il resterait fidèle au principe fondamental : prêter toute l'aide nécessaire à son alliée dans les affaires balkaniques, pour tout ce qui concernait ses intérêts, ses désirs et ses besoins. La pensée d'aller jusqu'à l'action *manu militari* contre la Serbie me paraissait trop audacieuse.

Dans une occasion précédente, lors de la visite que Guillaume II et les chefs des États allemands firent, au printemps, à l'empereur François-Joseph, à Schœnbrunn, le baron Æhrenthal avait proféré des paroles de menace contre la Serbie. Je ne lui avais pas caché qu'une entreprise violente pouvait devenir une aventure périlleuse et de grande portée. A l'époque de l'annexion, je présumais que le baron voulait s'assurer un nouveau moyen de pression sur la Serbie, en attirant la Bulgarie dans le cercle de la politique viennoise. La déclaration d'indépendance de la Bulgarie, consécutive à l'annexion, a confirmé cette idée.

Quelques mois avant la crise bosniaque, j'eus à m'occuper du chemin de fer du Sandjak. Le baron Æhrenthal avait rendu public le plan par lequel, en vertu du congrès de Berlin, la monarchie avait obtenu le droit de continuer la voie ferrée, à travers le Sandjak, dans la direction de Salonique. Si indiscutée que fût l'autorisation accordée à l'Autriche-Hongrie, si clair que fût l'intérêt économique de cette entreprise, il y eut cependant, chez la plupart des puissances, une forte résistance. La presse, en général, et particulièrement la presse anglaise, se déchaîna. La Russie, la France, l'Angleterre et, avec une passion toute spéciale, l'Italie et la Serbie, s'opposaient au projet de chemin de fer, qu'elles soupçonnaient établi dans un intérêt politique plutôt qu'économique. Elles pouvaient, du reste, ne pas avoir complètement tort ; l'extension économique de la monarchie du

Danube dans les Balkans du Sud ne devait pas seulement être utile à la création d'une forte position, mais réduire aussi les plans serbes à néant. Les puissances opposantes ripostèrent par un projet de voie ferrée faite en commun, qui relierait l'Adriatique au Danube. Nous avions de prime abord admis l'importance, au point de vue civilisateur et commercial, de l'entreprise de la ligne du Sandjak. En fait, l'établissement de voies ferrées, dans les parties agitées de l'empire turc, ne pouvait qu'aider à amener les peuples en querelle à la conscience que l'ouverture du pays à une activité économique profitable était une entreprise plus féconde que la discorde sanglante, qu'une mise en tutelle par les puissances et une acceptation forcée de réformes peu appropriées. La question de l'établissement de ces communications était encore en cours, lorsque la nouvelle de l'annexion éclata. Cette dernière mesure en était le prélude ; à cette occasion, la diplomatie austro-hongroise apprit quelles oppositions elle devait rencontrer dans son avance en Orient.

Ce plan audacieux du baron Æhrenthal ne nous était pas agréable, il multipliait encore les divergences déjà existantes. Si l'on n'admettait pas que ces complications pussent constituer un sérieux danger de guerre, il fallait cependant compter avec cette possibilité extrême ; sans parler de notre devoir d'alliée (le traité n'envisageait que le cas d'attaque russe), notre propre intérêt nous conseillait de nous tenir aux côtés de l'Autriche-Hongrie, de l'aider fortement en empêchant toute tentative de porter atteinte à sa situation de grande nation. C'est surtout cette qualité de grande puissance qui était de première importance pour nous dans la garantie commune de paix européenne. D'une utilité capitale était aussi sa position de sentinelle sur la route de l'Est, où pouvait se développer sur une vaste échelle notre puissance économique. Nous ne pouvions pas la laisser se débattre seule contre ses ennemis à cette heure critique. Cela eût pu la conduire à se soumettre à la force et à s'unir à nos adversaires communs. Il fallait, dans l'intérêt des deux parties, qu'elle eût en nous pleine confiance ; elle l'eut, nous ne lui donnâmes pas alors seulement notre adhésion, mais aussi notre appui fidèle.

On s'attendait, même avant la proclamation de l'axnexion, que des difficultés seraient soulevées par la Russie. M. Iswolski me rendit visite, après avoir eu quelque temps auparavant une entrevue avec le baron Æhrenthal et l'ambassadeur comte Berchtold à sa résidence de Buchlau. Il fut alors mis au courant du plan d'annexion et de la compensation offerte en échange de son acceptation : *la perspective de l'ouverture des Dardanelles au profit de la Russie.* Il parut peu satisfait de cette entrevue et me parla sur un ton irrité des plans aventureux d'Æhrenthal. Il les considérait comme une tentative hasardeuse procédant d'un point d'honneur personnel. Selon lui, il était nécessaire de porter la question devant une conférence d'ambassadeurs, sinon un congrès, et il laissa entrevoir qu'il s'appuierait, dans la circonstance, sur les puissances de l'Ouest si nous soutenions notre alliée.

Je pus me dérober à ses demandes répétées de précisions en lui disant que c'était une question de telle importance que je ne pouvais me prononcer sans l'autorisation du chancelier. Je lui laissai cependant tirer la conclusion logique de la situation générale et deviner de quel côté étaient nos intérêts. Il alla à Londres et à Paris, et là, suivant toute apparence, obtint des adhésions contre le plan d'annexion, mais pas de certitude sur l'aide à fournir, et surtout aucune complaisance pour la solution de la question des Dardanelles dans le sens russe. Je connaissais l'opinion de M. Iswolski dans cette affaire, et cela du temps où nous étions collègues à Copenhague. Il pensait que les vaisseaux russes devaient avoir le libre passage dans les détroits, à l'exclusion de ceux des autres nations. Les détroits fortifiés seraient donc, pour la Russie, une porte de sortie, pour les autres une barrière, les fortifications turques lui serviraient même, si possible, avec l'aide du matériel et des cadres allemands. Après l'annexion, M. Iswolski revint de Londres et de Paris à Berlin, pour essayer à nouveau de nous détacher de notre alliée. Il échoua, d'autant plus qu'il n'avait rien à nous proposer en échange. Il avoua même à demi que ses espérances ne s'étaient pas réalisées. Il eut donc peu à se louer de ses démarches et de l'accueil moins que sympathique qui lui avait été fait et reprit de mauvaise humeur le chemin de Saint-Pétersbourg.

Dès lors, voici comment se présentait la situation : la Russie et les puissances qui l'aidaient demandaient la convocation d'une conférence, car seules les puissances réunies pouvaient discuter les événements qui apportaient un changement aux décisions du congrès de Berlin. Le gouvernement de Vienne ne parut pas favorable à cette idée de conférence. Nous proposâmes de donner en commun de sérieux avertissements à Belgrade, ce qui fut accepté par les cabinets de Londres et de Paris, mais rendu inutile par une initiative privée de la diplomatie russe. Les difficultés s'aggravaient. La Serbie protesta, organisa des polémiques de presse et alla jusqu'à la mobilisation de son armée. La

monarchie danubienne pouvait encore moins
céder à cette pression qu'à la pression diplomatique des grandes puissances. L'idée de
réunir seulement la conférence lorsque l'union
se serait faite ne nous parut pas digne d'examen ; elle aurait eu pour unique objet
d'enregistrer des décisions, sans autre signification ou avantage.

Le moment était venu où il fallait compter
avec une tension durable et des complications plus graves. M. de Bülow estimait,
pour sa part, qu'il convenait de laisser les
choses s'envenimer et de faire une vigou-
reuse démonstration contre le bloc de puissances moyennes et la Triple Entente, encore peu solide à la base, persuadé que pas
une puissance n'oserait tirer l'épée, et que la
Russie, si elle venait à plier ou à rompre,
serait humiliée et obligée d'abandonner sa
vassale la Serbie. C'était mon avis, encore
ne fallait-il pas laisser l'arc se tendre davantage. Les incidents violents pouvaient succéder aux discussions diplomatiques et une
guerre européenne en résulter. Dans les
conditions actuelles des armements mili-

taires et des moyens de destruction techniques, quelle effroyable et terrible catastrophe s'offrait en perspective, sans même inspirer à notre peuple l'enthousiasme que donne l'espoir de la victoire ! La Russie, confiante en ses propres forces, toujours considérables, appuyée par son alliée la France et sa nouvelle amie l'Angleterre, ne pouvait céder à notre forte pression, sans être profondément blessée dans son amour-propre, ce qui pouvait avoir pour nous de dangereuses conséquences. Avec un caractère aussi sensible et aussi ambitieux que celui de M. Iswolski, l'entente contre nous n'en serait que plus forte. Un moyen prudent me semblait indiqué, c'était, tout en gardant nos positions, de tenter une négociation ne donnant pas l'impression d'une détente voulue, mais montrant clairement que nous restions indissolublement fidèles à notre alliée, et prêts à aller avec elle jusqu'aux extrêmes résolutions. Si cela réussissait, nous aurions déjà à demi gagné la victoire. Naturellement, il restait à veiller par ailleurs à la solution de la crise, au moyen d'une activité moyenne. Le prince de Bülow était du même avis et, dans un conseil auquel assistaient l'empereur et le chef d'état-major, il fut décidé d'agir dans ce sens.

La Russie, contrairement aux engagements pris au congrès de Berlin, présentait maintenant une demande de pure forme. Il était à prévoir que son retour à des sentiments plus modérés était d'autant plus inévitable qu'elle ne pouvait plus se faire d'illusion sur l'appui que lui fourniraient les puissances appelées à son secours ; il serait exclusivement diplomatique. Nous cherchâmes à solutionner la crise. Chaque État devrait donner son avis sur l'annexion, non pas dans une conférence, mais séparément. La Serbie qui, entre temps, avait placé sa cause dans les mains des puissances, pensant qu'une conférence se réunirait, facilita ce projet, étroitement lié à l'adhésion de la Russie, à qui nous nous étions adressés en premier lieu. Elle envoya son acceptation sans retard. Les autres puissances ne pouvaient que suivre son exemple. La crise semblait terminée. Tout se passa sans difficulté. La Serbie fut invitée à abandonner ses prétentions à des dédommagements territoriaux, à démobiliser et à donner l'assurance de se mieux conduire dans l'avenir. Les mécontents accréditèrent la légende que notre dernière communication à la Russie était un ultimatum. Cette affirmation est une altération arbitraire des faits. Notre langage à Saint-Pétersbourg fut, comme la situation l'exigeait, très énergique. Il disait notamment : *Si le gouvernement russe ne croit pas pouvoir donner suite à notre proposition sincère, nous devrons laisser les événements suivre leur cours.*

Cette inquiétude suspendue sur l'Europe écartée, le ciel ne s'éclaircit cependant pas complètement. On reconnaissait que nous avions remporté un succès diplomatique appréciable et que la Triplice avait triomphé dans son entreprise. Mais l'on ne pouvait nier que nous avions rendu un service à la cause de la paix européenne ; on constata seulement, avec une certaine mauvaise humeur, que nous avions pris la direction de la politique générale et amélioré avec une telle activité notre situation que le moyen proposé pour dissiper la tension était la *carte forcée*. A Saint-Pétersbourg particulièrement, on n'eut aucune reconnaissance pour nos efforts et nous sentîmes, dans les relations qui suivirent, un désir constant de représailles. Si le prince de Bülow, dans son livre *la Politique allemande*, dit qu'après la crise bosniaque, les relations entre l'Allemagne et la Russie redevinrent vite normales, comme le prouvent la rencontre tout à fait cordiale des deux empereurs en juin 1909 et le désenchantement de l'Angleterre, attesté par la visite du roi Édouard à Berlin, *immédiatement après le dénouement de la crise*, il faut faire cependant quelques réserves. Les rapports personnels de l'empereur et du tsar furent, lors de leur rencontre, aussi amicaux qu'auparavant, mais on remarqua nettement, chez les hommes d'État, de la mauvaise humeur. M. Iswolski, le ministre-président Stolypine, ne désarmaient pas et soupçonnaient l'Autriche-Hongrie, sous la direction d'Æhrenthal, de forger de nouveaux plans dirigés contre la

Serbie et la Russie, certaine qu'elle était de notre appui. Quant à la visite du roi d'Angleterre, on ne vit pas en quoi elle pourrait se rattacher à la solution de la crise bosniaque, la réponse affirmative de la Russie à notre proposition ayant eu lieu le 26 mars, la visite du roi le 9 février.

Les événements postérieurs ont montré que l'encerclement de l'Allemagne persistait. Deux ans après, dans l'été de 1911, à propos de la nouvelle crise du Maroc, l'Angleterre s'était mise ouvertement aux côtés de la France, et la Russie, comme Iswolski me le donna plusieurs fois à comprendre à Paris, avait si peu souffert de sa défaite diplomatique de 1909, que ses rapports avec la France et l'Angleterre se resserraient encore, qu'elle poussait activement ses armements, dans un sens dont nous avons eu l'effrayante démonstration à la déclaration de guerre mondiale. On ne peut nier que la crise bosniaque, résolue pacifiquement, nous ait donné une grande victoire diplomatique, mais elle a laissé une situation qui donnait pour l'avenir bien peu d'espoirs favorables.

L'attitude de notre deuxième alliée, l'Italie, pendant la crise bosniaque, fut réservée, cependant amicale. Elle n'en arriva pas à un nouveau « tour de valse », mais elle se trouvait en face d'un problème d'intérêt, difficile à résoudre. Depuis quelque temps, elle avait usé de la liberté que laissait la Triplice à ses membres, pour se rapprocher de la Russie, tout d'abord au sujet d'un traité de commerce. Sa conduite s'expliquait. L'Italie ne pouvait rester indifférente en face du mouvement serbe, à cause de ses intérêts dans les territoires de l'Adriatique. Elle pensait écarter le danger en se rapprochant de la Russie, protectrice de l'idée slave, et ainsi n'être pas laissée de côté si des conflits éclataient. M. Tittoni, le ministre italien des Affaires étrangères, qui me rendit visite, à un moment où l'annexion de la Bosnie-Herzégovine n'était pas encore envisagée, me donna des éclaircissements. Il m'assura du désir de rester fidèle à l'alliance, moyen de grande efficacité pour empêcher que l'antipathie de la nation italienne contre l'Autriche ne passât à une hostilité ouverte.

L'Autriche ne rendait, d'ailleurs, pas facile le maintien de bonnes relations, elle ne donnait pas satisfaction à beaucoup de demandes italiennes bien fondées. Le peuple italien avait de la sympathie pour l'Allemagne, malgré quelques petites dissonances isolées. Elles provenaient surtout de l'ambassadeur allemand à Rome. Il s'était fait détester par son caractère désobligeant. Bien que l'Italie, pendant la crise, eût renforcé fortement sa situation militaire contre l'Autriche, on avait pu cependant, en agissant avec calme, éviter des frottements plus dangereux entre les deux alliées. Dans ces temps de trouble, nous nous sommes efforcés d'écarter et d'amoindrir la tension dans le « troisième côté du triangle », la ligne entre Vienne et Rome. Nous avons rencontré des résistances, qui s'esquissaient d'un autre côté, par exemple la visite du tsar à Raconnigi. A dessein, il n'employa pas, pour s'y rendre, le plus court chemin, qui passait par l'Autriche. C'était la manifestation éclatante de la politique russe, qui *employait contre le bacille austro-hongrois le sérum italien.*

L'espoir de surmonter la crise bosniaque
se serait évanoui, si nous n'avions pas songé
à temps à nous délivrer du souci, provoqué
par nos relations peu satisfaisantes avec
nos voisins de l'Ouest. La France n'avait
pas pris dans la crise une position ferme.
Elle ne souhaitait certainement pas une
tension pouvant déchaîner la guerre, mais
elle était au nombre de nos ennemis et si la
situation s'était aggravée, elle ne serait pas
restée impassible. Sans parler de la grosse
question de l'Alsace-Lorraine, les divergences
provenaient surtout de notre attitude résolue, sans espoir de changement, dans l'affaire du Maroc. A plusieurs reprises, nous
avions affirmé que nous ne poursuivions
aucun but politique, que nous n'avions nullement l'intention de nous mêler de cette
question d'une façon désobligeante pour la
France ni de la contrecarrer, mais que nous
voulions notre part d'activité économique.
Malgré ces déclarations, les surfaces de frottement ne s'atténuaient pas et les contrastes
de l'opinion publique des deux côtés ne
s'effaçaient pas. La défiance des Français

persistait ainsi que le penchant à incriminer inlassablement tout ce qui touchait au droit allemand. Si nous ne voulions pas que le Maroc fût la cause d'un nouveau conflit (pas un homme sensé ne devait le désirer), nous ne pouvions qu'essayer d'éclaircir, en les précisant, les points qui pouvaient donner matière à contestation, limiter les droits de l'un et de l'autre, en un mot nous entendre sur une ligne de conduite commune. Si cette entente pouvait conduire à un accord sur les points non contestés, cela serait mieux encore. Cette tâche m'échut, lorsque les troubles du Maroc, dans l'été de 1908, embrouillèrent la situation. J'en tempérai les effets, en liquidant la question brûlante, la reconnaissance du prétendant au trône, le vainqueur Moulay-Hafid. J'atteignis le double résultat de mettre en valeur la position prise par l'Allemagne en faveur du nouveau sultan, et, du même coup, de briser la pointe qui froissait la France.

L'incident de Casablanca, impossible à prévoir, nous empêcha de poursuivre cette voié. Notre représentant consulaire avait aidé à fuir, non seulement des légionnaires allemands, mais aussi des légionnaires étrangers, d'une façon ne paraissant pas exempte de reproches. Des soldats de la police française étaient intervenus et une fâcheuse querelle s'en était suivie. De quel côté furent les plus grands torts ? Le peu de renseignements obtenus ne permit pas de l'établir tout d'abord. Naturellement, chaque partie cherchait à se décharger sur l'autre. La presse, qui s'empara de l'affaire, plus encore que les représentants officiels, jeta de l'huile sur le feu. A Paris et à Londres, on prétendit que cet incident avait été tramé à Berlin pour faire surgir du sol marocain de nouvelles sources de conflit. Les influences anglaises à Paris jouèrent un vilain rôle. Elles donnaient à comprendre qu'une occasion favorable se présentait pour régler les comptes avec l'Allemagne. L'Autriche-Hongrie était encore immobilisée à la suite de la crise bosniaque, la France, la Russie, l'Angleterre pouvaient s'opposer à l'Allemagne. On saurait retenir l'Italie.

Cette influence anglaise n'était évidemment pas reconnaissable, mais on pouvait lire entre les lignes des journaux que le mécontentement à Paris n'était pas seulement entretenu par des éléments français. Autant que l'on puisse formuler un jugement fondé dans cette affaire, les causes de la bagarre étaient plutôt du côté français que du côté allemand. L'atteinte à la situation exceptionnelle du consul, sinon les voies de fait, était hors de doute. La responsabilité allemande n'était cependant pas complètement dégagée. Les questions de droit étaient embrouillées. Le représentant consulaire avait-il le droit de donner aide et abri aux déserteurs, était-il permis aux représentants officiels de la France de rendre cette aide inefficace? Les avis étaient trop partagés. Nous affirmions que le consul avait non seulement le droit, mais le devoir d'accorder autant qu'il lui était possible, son appui aux Allemands, qui lui demandaient sa protection.

Les faits eux-mêmes étaient controversés. Les Français prétendaient que la version allemande, que nous leur avions transmise sans retard, n'était pas complète et même contenait certaines inexactitudes, mais ils ne donnaient pas de preuves contraires. Une tentative pour clore l'incident, par l'expression réciproque de regrets pour les fautes commises, n'eut pas de succès. Je proposai alors de porter la question devant un tribunal arbitral chargé de l'éclaircir. Comment M. Clemenceau, alors président du Conseil, en vint-il à affirmer à plusieurs reprises que ce fut lui qui demanda cette sentence d'arbitrage, et que nous l'avions refusée? Impossible de l'expliquer. Quoi qu'il en soit, mon projet fut reconnu utile, le gouvernement français s'empressa de l'accepter, l'excitation à Londres et Paris tomba promptement.

La question aurait été réglée d'une façon satisfaisante sans un nouveau désaccord, sur la rédaction des faits à soumettre à la juridiction arbitrale. C'est le côté délicat de l'arbitrage ; toujours naissent de nouveaux points de friction, souvent plus épineux que la question principale. Nous étions d'avis que le tribunal ne devait statuer que sur la question de droit, et pas sur la question de fait, car nous n'avions pas encore reçu la version française. Du côté français, on désirait que les deux questions fussent traitées simultanément. De là, de nouvelles négociations, de nouvelles excitations. A Paris, on soupçonnait que nous cherchions à éviter l'arbitrage qui, disait-on, nous paraissait incommode. Des journaux, des milieux nationaux allemands combattaient aussi cette idée de tribunal, et fortifiaient cette opinion française. Le chancelier se demandait s'il ne faudrait pas exercer une pression pour faire admettre nos propositions. Je l'en dissuadai, c'était encore verser de l'huile sur le feu. Selon toute apparence, il s'agissait encore de malentendus. Exercer une pression pour les éviter n'était pas le moyen approprié.

Le kronprinz se mêlait aussi de l'affaire et était d'avis d'agir plus vigoureusement. Je tombai sérieusement malade. Je n'étais pas encore rétabli, lorsque arriva la version officielle française de la bagarre. Elle était plus complète que la nôtre, contenait de nombreux témoignages et chargeait gravement notre représentant consulaire. Il ne me parut pas douteux que nous ne pouvions plus refuser de déférer au vœu français et de porter aussi la question de fait devant le tribunal arbitral. Malgré mon état maladif, je me rendis chez le chancelier, qui m'approuva. Peu après, l'entente se fit sur les problèmes posés. M. de Kiderlen m'avait remplacé au ministère des Affaires étrangères. Le jugement du tribunal fut un jugement de Salomon, identique à la proposition que nous avions faite en son temps à Paris : *fautes des deux côtés, regrets de part et d'autre*. Si cette sentence ne contenta pas tout le monde, elle exerça cependant une action bienfaisante sur les esprits. Chez nous, les partisans d'une aventure dans laquelle « auraient sonné les éperons » éprouvèrent une pénible déception, il ne manqua pas de voix pour m'accuser d'une complaisance trop accusée. Sans tenir compte de ces critiques, je crus devoir rester dans cette voie, tendant à atténuer les divergences avec la France, avec d'autant plus de raison que la crise bosniaque faisait ardemment souhaiter d'avoir les mains libres à un moment où notre activité diplomatique était dirigée vers l'Est.

L'attitude relativement calme de la France pendant la crise bosniaque ouvrait des horizons diplomatiques assez favorables. En complète union avec le chancelier et l'empereur, je repris la question, agitée déjà avec l'ambassadeur français, d'un accord sur le Maroc. Je laissai à M. de Kiderlen, qui, après m'avoir remplacé, restait comme aide au ministère, le soin de remplir le programme élaboré avec lui. Les négociations prirent une heureuse tournure et se terminèrent rapidement. Le 9 février 1909, je signai l'accord avec l'ambassadeur Jules Cambon. Il confirmait l'acte d'Algésiras, affirmait l'intégrité et l'indépendance de l'empire chérifien et soulignait l'égalité des puissances au point de vue économique. Il énonçait que l'Allemagne ne poursuivait au Maroc que des objectifs économiques et reconnaissait les intérêts politiques de la France.

Il fut accueilli partout avec une grande
satisfaction et salué avec raison comme la
solution d'une situation fâcheuse et dangereuse. Malgré les racontars, nous n'avions
abandonné aucun droit, aucun intérêt et
aucune espérance. Nous avions déjà déclaré à Algésiras que nous ne visions aucun
but politique au Maroc, mais notre activité économique, que nous avions toujours
réservée, trouvait enfin une expansion légitime. Cet accord était la preuve qu'une
entente, excluant des conflits armés, était
toujours possible entre deux nations, sur
un terrain limité, lorsque, des deux côtés,
on s'efforçait d'aboutir à une solution loyale
avec une bonne volonté sincère. De notre
côté, nous n'avons jamais agi autrement.

Un contretemps empêcha de signer le
traité au moment voulu et désigné pour sa
publication. M. Jules Cambon, parti pour
Paris afin d'obtenir l'assentiment de son
gouvernement, ne put être présent à l'heure
fixée. Son train eut plusieurs heures de retard, le train spécial conduisant le roi
Édouard à Berlin devant le dépasser. En

rentrant chez moi, après la réception officielle, je trouvai M. Cambon, en habit de
voyage. J'étais en grand uniforme. Nous
signâmes ainsi le traité.

La position prise par l'Allemagne dans
l'annexion des deux provinces, Bosnie et
Herzégovine (encore normalement turques) à
la monarchie habsbourgeoise, faillit mettre
en question nos bonnes relations avec la Turquie. Nous étions la puissance qui posait le
plus sincèrement comme principe fondamental le maintien de la Turquie dans ses
possessions territoriales. Notre activité économique, pleine d'avenir, aussi bien en Turquie d'Asie qu'en Turquie d'Europe, nous
commandait une attitude amicale et protectrice. On nous en était d'autant plus reconnaissant en Turquie, que l'empire ottoman
retirait de notre activité féconde de sérieux
avantages, capables encore de s'étendre et
constatait avec joie, sous notre direction,
le réveil de ses forces endormies. Notre
action économique et civilisatrice avait de
profondes répercussions, principalement notre
éducation technique militaire, qui donnait

des résultats aussi tangibles que brillants. Les autres puissances inscrivaient sur leur programme le maintien du *statu quo*, mais il n'existait pas de cerveau pensant en Turquie qui ne vît clairement que, derrière cette étiquette, se cachaient des pensées et des espoirs intéressés, le désir du démembrement de l'empire et de partage d'un butin précieux. On opposait aux demandes pressantes de réformes plus ou moins douteuses une méfiance justifiée et une résistance opiniâtre. Nous nous tenions à l'écart de ces questions d'améliorations et déclinions même toute responsabilité pour quelques-unes, tout à fait erronées, celle de la justice par exemple. De même nous nous sommes abstenus quand l'Angleterre et la Russie, dans un but facile à discerner, poussèrent la Macédoine à se séparer de l'empire turc.

Les événements ont démontré à l'évidence que cette réserve était fondée. Le plan de réformes élaboré à Reval a été le point de départ du revirement fondé sur le droit public du parti jeune-turc, qui éveilla un sentiment national inconnu jusqu'alors. Le nouveau gouvernement de Constantinople nous montra d'abord de la froideur, croyant que nos bonnes relations ne reposaient que sur les rapports amicaux personnels de l'empereur et du sultan, et que le parti conservateur, qui imprimait sa direction à notre politique, était mal disposé pour le parti progressiste, qui tenait les rênes du gouvernement à Constantinople. Lorsqu'il reconnut son erreur, il se tourna vers nous avec ferveur et sans arrière-pensée. Ces relations faillirent être troublées par les influences étrangères qui ne manquèrent pas de faire remarquer à Constantinople que nous nous tenions derrière l'Autriche. Le soleil de la vérité dissipa tous ces nuages et l'on reconnut bientôt la sincérité de nos intentions, restées constamment sympathiques à la Turquie. Lorsqu'on apprit que nous nous efforcions d'amener le gouvernement de Vienne à chercher un apaisement du sentiment national turc blessé dans sa dignité, en l'invitant à évacuer le Sandjak, désir qui fut bientôt réalisé, les vieilles relations se rétablirent comme auparavant. Depuis lors, rien ne vint plus les troubler.

Par ailleurs, la situation européenne restait tendue. Malgré toutes nos avances aux États-Unis du Nord de l'Amérique, par exemple la visite du prince de Prusse et l'échange de professeurs, on remarquait un changement dans les relations avec la grande puissance du Nouveau Monde, changement à peine sensible, il est vrai, mais nettement reconnaissable pour un œil attentif. Notre diplomatie travaillait sur un terrain difficilement abordable : la politique de protection douanière. Elle avait à compter avec l'ingérence de la presse anglaise, qui employait contre nous les grands moyens. On cherchait à nous rendre responsables de ce que le projet d'un traité d'arbitrage avec les États-Unis avait échoué. Pourtant, l'accord, presque conclu, avait été rejeté par le Sénat américain. Un nouveau projet avait alors été établi ; malgré la meilleure volonté, nous ne pûmes l'admettre. Il était aussi impossible d'y adapter notre organisation constitutionnelle que de compter sur la réalisation de nos désirs, pourtant fondés.

Un léger incident exerça aussi son influence. Il s'agissait du remplacement de l'ambassadeur américain, M. Charlemagne Tower. Le président Roosevelt avait informé mon prédécesseur qu'il se proposait de faire des changements de titulaires dans plusieurs ambassades. Pour Berlin, il avait songé à M. David Jayne Hill, ambassadeur aux Pays-Bas. Il lui fut répondu que si le choix du président se portait sur M. Hill, ce dernier recevrait bon accueil à Berlin. Nous ne considérâmes pas ce procédé comme une requête faite suivant les usages diplomatiques, et un véritable accord en vue d'agréer à l'avance un représentant. D'autres formes courantes sont employées. Nous nous attendions, après avoir été ainsi pressentis, à recevoir la demande d'approbation courtoise suivant l'usage.

De longs mois se passèrent, sans autre démarche. Nous étions autorisés à nous demander si le président était toujours du même avis. L'ambassadeur en fonction

partageait aussi ce doute. Officiellement, il
n'avait pas eu connaissance de cette nomination. Entre temps, la location de l'hôtel
habité par M. Charlemagne Tower n'ayant
pas été renouvelée, on en déduisit que son
successeur présumé n'était pas dans une
brillante situation de fortune, que M. Hill
ne pourrait suivre, même de loin, le train
de vie des autres représentants des grandes
puissances accréditées à Berlin. On prétendit aussi qu'il retardait son entrée en fonction. A une réception faite en vue du
départ de l'ambassadeur Tower, ce dernier
parla à l'empereur de ces difficultés et ajouta
que le président Roosevelt, qui ne paraissait
pas avoir définitivement fixé son choix,
serait tout décidé à désigner et à envoyer
une personnalité en rapport avec le poste,
si l'empereur en manifestait le désir. L'ambassadeur américain à Rome, Griscomb,
présent ainsi que sa femme à la fête, rem-
plirait ces conditions et serait certainement heureux d'accepter. Il ajouta qu'il
transmettrait volontiers, à titre confiden-
tiel et privé, cette proposition si toutefois

l'empereur lui en donnait l'autorisation.

L'empereur me demanda à quel point en était la proposition d'agréer M. Hill. Je lui rappelai qu'il avait été question de M. Hill, depuis plusieurs mois, qu'on avait assuré le président d'un bon accueil pour son représentant, que, depuis, l'affaire était restée en suspens, enfin que la demande d'agréer le nouvel ambassadeur n'avait pas été faite dans les formes usuelles. L'empereur accepta la proposition de M. Tower qui, chose surprenante, se heurta, à Washington, à de fortes difficultés. La presse américaine, après elle la presse allemande, eurent connaissance de l'affaire et l'on en tira la conclusion que l'empereur n'avait pas accepté M. Hill parce que trop peu fortuné. Ce n'est qu'à grand'-peine et avec l'aide de M. Tower que l'on put calmer l'excitation de la presse.

Au Reichstag, on était aussi énervé, on parlait de gouvernement personnel, on était près de déposer une interpellation. Si le cas était fâcheux, on ne pouvait cependant pas parler d'atteinte aux règles et aux usages. Il est assez fréquent dans l'histoire diplomatique qu'un État exprime le désir de voir nommer une personnalité désignée pour occuper le poste de représentant et que l'autre puissance accède avec bienveillance à ce vœu. M. Hill, lorsqu'il prit plus tard possession de son poste, fut très bien accueilli par l'empereur, le monde officiel et non officiel de Berlin, et ainsi l'incident fut clos. Peu après, notre ambassadeur à Washington, le duc Speck de Sternburg, mourut ; nous donnâmes au président Roosevelt à choisir entre trois candidats, celui qui lui agréerait le mieux. La réponse laissait entrevoir que le comte Bernstorff serait le bienvenu. On demanda pour lui son acquiescement, qui fut accordé. La trace du mécontentement de l'incident Hill fut effacée complètement. En politique, nous eûmes la grande satisfaction de pouvoir suivre avec l'Amérique ce principe fondamental d'accès libre en Chine sur la base de la *porte ouverte*.

Un autre incident diplomatique, ayant trait au gouvernement personnel, fut l'objet d'une discussion au Reichstag. Il s'agissait d'une lettre privée du kaiser au ministre de la Marine anglais, lord Twedmouth. Elle était la suite d'entretiens précédents, com battait certaines préventions, rectifiait certaines erreurs, et donnait quelques statistiques sur notre flotte. Cette lettre avait été connue par suite d'une maladresse de lord Twedmouth. On s'élevait fortement en Angleterre et en Allemange contre cette ingérence personnelle et cet acte, prétendu anticonstitutionnel, de l'empereur. Le chancelier le défendit au Reichstag, Il ne fut pas question du fait important que l'empereur m'avait donné connaissance du document avant de l'envoyer. Pourquoi ne lui aurait-il pas été licite de poursuivre par écrit une discussion utile, commencée verbalement? Les autres souverains n'usaient-ils pas de la même liberté et d'une manière pas toujours aussi bien intentionnée et sans reproche? Peut-être l'empereur fut-il incité à donner au ministre anglais de nouvelles preuves de ses connaissances techniques en la matière? En tout cas, cela ne changeait rien à la question, et cette correspondance était inoffensive.

Un fait plus important, dans lequel il s'agissait aussi de paroles et d'actes de l'empereur, eut des suites pénibles. C'est l'affaire du *Daily Telegraph*. Cette feuille anglaise avait relaté des conversations de Guillaume II et fait cette publication sous une forme qui paraissait officieuse. Je n'étais absolument pour rien dans ce malentendu, qui eut lieu pendant mon absence du ministère. Ce que j'en connais, l'affaire n'ayant jamais été complètement éclaircie, est ce qui suit.

Le 11 octobre 1908, à sept heures du soir, le chancelier me fit prier de venir discuter avec lui sur la situation créée par l'annexion de la Bosnie et de l'Herzégovine à la monarchie habsbourgeoise. Le service qui me transmit cette invitation (*ici, il faut mettre les points sur les i*), me fit parvenir dans un carton fermé un document peu volumineux, avec la remarque qu'il contenait des papiers secrets dont le chancelier s'était réservé l'étude personnelle. Elle n'était pas terminée, en dépit de l'urgence. Comme j'avais à répondre à la demande du chancelier, je n'eus pas le temps de prendre connaissance du document. Je ne pus que jeter un coup d'œil sur la première page, qui était le commencement d'une lettre débutant par *Mon cher Martin*. Martin était le cousin du prince de Bülow, l'attaché von Ienisch qui, à ce moment, séjournait auprès de l'empereur à Rominte, comme représentant du ministre des Affaires étrangères. L'écriture était celle de l'attaché von Müller, jusqu'alors secrétaire du chancelier à Norderney. A la fin de notre longue conversation sur la crise bosniaque, je remis au prince de Bülow le petit document, lui faisant remarquer que je l'avais reçu au moment où je quittais mon bureau, que je n'en avais pas pris connaissance. Le chancelier le prit et, après un rapide examen, dit que c'était une chose réglée ; il n'y manquait plus que le paraphe. Il ne me parla pas du contenu et ne le lut pas en ma présence. Il est à remarquer que le même jour, le prince de Bülow était venu le matin de Norderney. L'empereur avait déjeuné chez le chancelier. Après le repas, ils eurent seul à seul, dans le jardin, une longue conversation. Il s'agissait de la publication en question, comme je pus le déduire d'après une déclaration faite plus tard par l'empereur. Ce dernier pria le chancelier, qui accepta, de régler et de terminer cette affaire.

Deux semaines plus tard, le 28 octobre, le directeur du bureau de la presse, le conseiller privé Hamman, m'envoya, vers dix heures du matin, une copie, écrite très illisiblement et donnée par l'agence Wolff, d'une publication du *Daily Telegraph* sur certains propos de l'empereur. L'agence Wolff, entre autres choses, demandait si l'on pouvait reproduire. En lisant cet article, je remarquai plusieurs passages scabreux et j'écrivis au crayon rouge, en gros caractères lisibles : *Non*. Je retournai le tout à l'agence Wolff. Vers midi, le conseiller Hamman revint, disant qu'il ne lui semblait pas indiqué d'interdire à Wolff la reproduction de l'article. Il serait certainement connu par d'autres voies, on ne pourrait empêcher l'émotion qui en résulterait et donnerait lieu à des malentendus. Du reste, un journal berlinois de midi en avait déjà publié des extraits. Comme ni lui ni moi ne connaissions l'origine de cette affaire, nous fîmes demander au conseiller intime Klehmeh — des Affaires Politiques Générales, — ce que l'on en savait au ministère. Hamman revint au bout de quelques minutes avec cette réponse surprenante : *la publication dans un journal anglais était depuis longtemps chose convenue entre l'empereur et le chancelier.* « S'il en est ainsi, dis-je, je n'ai plus à m'occuper de l'affaire. » Wolff publia, mais pour ainsi dire avec le visa officiel. L'orage se déchaîna.

Plus tard, j'ai essayé de rassembler les éléments épars de cette affaire. C'est le colonel anglais D. Stuart Worseley qui avait recueilli les propos de l'empereur. En automne 1907, Guillaume II, villégiaturant à High Cliffe Castle, lui avait envoyé ses idées personnelles. Le colonel, croyant servir les relations anglo-allemandes, avait proposé de rendre publiques ces déclarations. L'empereur avait accepté, à condition, toutefois, que le chancelier n'y trouvât aucun inconvénient. D'Angleterre, l'empereur en envoya un brouillon au chancelier en villégiature à Norderney. Le prince de Bülow fit parvenir le manuscrit aux Affaires étrangères avec une annotation écrite de sa main, ordonnant d'examiner le document et de lui soumettre les corrections, coupures ou additions. Le sous-secrétaire Steinrich, qui me remplaçait, confia ce soin au conseiller privé Klehmeh, en faisait remarquer que la revision demandait beaucoup d'attention. Ce dernier interpréta l'ordre du chancelier, comme s'il s'agissait de se rendre simplement compte si les déclarations de l'empereur étaient conformes à la réalité des faits Klehmeh examina le manuscrit, fit quelques rectifications et renvoya le dossier au chancelier à Norderney, sans en avoir parlé aux autres conseillers ou au sous-secrétaire, comme l'on procédait pour un pli secret. Le document resta là quelque temps. Il me fut communiqué ainsi qu'au chancelier pour un temps trop court, nous ne pûmes en prendre complète connaissance.

L'émotion causée par la publication fut profonde. Le lendemain, j'eus l'occasion de déclarer à l'empereur, qu'à la suite d'un malentendu fâcheux, le brouillon de l'article du *Daily* n'avait pas été revu d'une façon appropriée. J'étais personnellement tout à fait innocent, mais, comme l'affaire concernait mon ministère et que j'étais responsable de tout ce qui s'y passait, je lui demandai l'autorisation de me retirer. Il me répondit qu'il ne pouvait pas plus être question de ma démission que de celle du chancelier, qu'il venait également de refuser. L'affaire s'éclaircirait et finirait par prendre une tournure tout à fait inoffensive, comme elle le paraissait au début. Ses déclarations n'avaient pas été fidèlement reproduites. Il n'avait jamais envoyé à Windsor un plan de campagne contre les Bœrs, mais seulement quelques considérations techniques sous forme d'aphorismes Du reste, elles ne faisaient que confirmer ce qui était connu depuis longtemps. Le même jour, se tint un conseil chez le chancelier ; y assistaient aussi le sous-secrétaire d'État de la chancellerie von Lœbell et le conseiller Hamman. On devait y rédiger une déclaration semi-officielle destinée à être publiée. Je soumis un projet : il fallait parler d'une erreur regrettable et éviter de rejeter la faute sur le ministre des Affaires étrangères. Il me parut impossible, même avec l'assentiment de l'auteur de l'article, de déclarer inexacte, même en partie, l'information publiée. Le prince de Bülow estimait que l'on devait nommer le ministère ; car, autrement, on fournirait matière aux suppositions les plus variées et, en définitive, cette franchise s'imposerait. Je ne pouvais plus prolonger ma résistance ; cependant je refusai mon adhésion au communiqué qui était destiné à la presse. Après quoi, j'eus la surprise de recevoir la visite du chancelier, qui me pria de transmettre à Klehmeh, qu'il avait traité le jour précédent avec colère et rudesse, l'assurance qu'il ne lui arriverait aucun désagrément.

On connaît les événements qui se déroulèrent alors, débats agités au Reichstag, déclaration de l'empereur promettant de garder une plus grande réserve à l'avenir. Le soir du jour où fut livré à la publicité le bulletin semi-officiel, avouant la méprise survenue au ministère des Affaires étrangères, je tombai subitement et gravement malade. Je ne pus donc prendre part aux discussions qui suivirent.

A mon retour, je trouvai maints changements dans la situation. Les rapports du chancelier avec le Reichstag étaient tendus, malgré la déclaration de l'empereur. Un parti regardait la solution de l'affaire comme un affaiblissement regrettable du prestige de la couronne, l'autre aurait désiré des engagements plus formels pour éviter l'immixtion personnelle de l'empereur dans les affaires politiques. Les relations confiantes, on peut même dire amicales, de l'empereur et du chancelier étaient sans aucun doute ébranlées. L'empereur pensait n'avoir pas été suffisamment défendu. La première fois que j'eus l'occasion de l'approcher, à la réception de l'attaché brésilien, je le trouvai affecté. Il commentait les événements par quelques courtes réflexions qui dénotaient son amertume. J'appris par son entourage qu'il avait eu à soutenir des luttes intimes qui n'étaient pas encore complètement apaisées. Il supposait, et cette idée s'était enracinée en lui, que les événements ne s'étaient pas déroulés tels qu'on les lui représentait.

J'évitais de parler de cet incident, d'autant plus que je n'en avais qu'une connaissance partielle. Aux conseils de cabinet, je remarquai la froideur de l'empereur pour le chancelier, chez qui il avait cessé ses visites, autrefois si nombreuses. Des mois s'étaient écoulés depuis l'affaire de novembre, lorsque le kaiser, avant son deuxième voyage à Corfou, me confia, non sans une profonde émotion, qu'il avait acquis la pénible conviction que le chancelier, non seulement ne l'avait pas suffisamment soutenu, mais même l'avait trahi. Il ne s'agissait pas d'une négligence ou d'un oubli, mais le prince avait, selon Guillaume II, laissé sciemment les indiscrétions de presse suivre leur cours pour profiter de l'occasion et réduire l'empereur au rôle de *majordome*. Je fus décontenancé et suppliai l'empereur d'écarter ces fâcheuses hypothèses. Il manquait des preuves à cette grave accusation et je ne pouvais m'y associer. Malgré tout, l'empereur maintint son opinion, disant qu' « elle ne se fondait pas sur des probabilités mais sur des certitudes ». Il était certain qu'au moment de l'incident et lors d'une réunion à Berlin des ministres allemands pour la session du conseil d'État des Affaires étrangères, le chancelier avait cherché à pousser l'empereur à abdiquer. L'empereur, à ce moment bien déprimé, y avait aussi songé, mais il refusait de se laisser imposer une telle décision.

On pensait généralement que l'incident n'était pas terminé avec l'orage de novembre. On se préoccupait beaucoup du dilemme : ou, réellement, le ministère des Affaires étrangères a commis une méprise regrettable, ou il s'est produit des incorrections d'un autre côté. On cherchait les coupables, on crut les trouver dans la personne de l'attaché von Ienish, qui accompagnait l'empereur dans son voyage, ou dans l'aide du chancelier, l'attaché Müller. Ni Ienish, ni Müller n'avaient eu l'occasion de donner

leur opinion personnelle sur les faits publiés ;
ils n'avaient eu aucune raison de douter que
le document, pour lequel ils avaient été des
intermédiaires entre l'empereur et le chancelier, eût été revu et approuvé par l'autorité
compétente. Tous deux protestèrent avec
vigueur contre les dispositions qui tendaient
à les transformer en *boucs émissaires*. Müller,
très irritable, menaça de révélations sen-
sationnelles. Je l'en dissuadai. Je considérais
ce geste comme l'effet d'une colère passagère,
et surtout je trouvais raisonnable et utile
de ne pas « rouvrir la soute aux poudres »,
fermée avec peine.

La réforme des finances opéra un grand
changement dans la politique intérieure et
amena la retraite du prince de Bülow. L'incident du *Daily* n'y fut pas étranger, et pesa
principalement sur la décision de l'empereur.
Leurs rapports étaient et restaient froids.
Contrairement aux habitudes d'autrefois, ils
se bornaient strictement aux formes conven-
tionnelles. Selon toute apparence, l'empereur,
dès le printemps, avait pris la résolution
de se séparer de lui ; il lui répugnait de faire

une concession au parlementarisme, et de donner à l'étranger une preuve de l'influence de la politique intérieure sur la direction de la politique du dehors. Il ne voulut cependant pas accepter la démission du chancelier avant que ne fût votée définitivement la loi de finances.

Mes rapports avec le chancelier sortant furent toujours parfaits. La possibilité de divergences était beaucoup amoindrie, du fait que le prince, par ses origines et son passé, était porté à s'intéresser au ministère des Affaires étrangères plus qu'à tout autre. C'était un terrain cher à son activité. Il me laissa pourtant plus de liberté dans la conduite des affaires que je ne l'avais espéré ou que j'aurais pu l'exiger. Nos relations personnelles étaient excellentes, grâce à l'amabilité du prince, à la large hospitalité de sa maison, dirigée par la main experte, l'esprit fin et artistique de sa femme. Il m'abandonna aussi l'expédition des affaires courantes avec l'empereur, principalement celles qui concernaient les questions de personnel.

On a raconté que le prince fut jaloux
de la confiance que me témoignait le souverain. C'est une idée insensée, qui indique
une complète ignorance des caractères et
des faits. Nos opinions furent quelquefois
différentes, mais jamais elles ne furent une
cause de désunion. L'entente se fit toujours
facilement à la suite de discussions franches
et de concessions mutuelles. Il me demanda
mon avis sur l'affaire du *Daily*, que je
n'avais pu suivre à cause de ma maladie.
Je lui répondis franchement que j'avais des
doutes sur sa manière d'agir à l'égard de la
couronne. Nous n'en avons plus jamais re-
parlé.

Nous n'étions pas non plus complètement
d'accord sur l'influence à laisser au Reichstag.
Le prince estimait que j'avais été trop loin
en donnant au comité des éclaircissements
confidentiels sur les événements secrets de
la crise bosniaque, que je n'avais pas réagi
avec assez d'énergie dans les questions
administratives, principalement celles concernant les gratifications de Noël aux employés, et les demandes de réduction de

crédits. La question des gratifications était épineuse. C'était une habitude établie bien avant mon entrée au ministère et suivie dans tous les bureaux. Mais les fonds employés pour cela étaient pour la plus grande partie accordés pour d'autres buts. Certains députés le savaient, ils étaient donc, incontestablement, dans leur bon droit en demandant la suppression des crédits. Une opposition opiniâtre aurait pu conduire à des discussions pénibles. J'eus à cœur de reconquérir la confiance fortement ébranlée, accordée autrefois au ministère des Affaires étrangères, et cet effort fut couronné de succès.

Pendant ma maladie, je fus remplacé, sur ma demande, par l'ambassadeur à Bucarest, von Kiderlen-Wächter; le sous-secrétaire d'État Steinrich avait dû aussi demander un congé, à cause de sa santé précaire. Von Kiderlen était considéré, en général, comme un de nos représentants diplomatiques les plus capables. Des circonstances extérieures, indépendantes de ses qualités réelles, s'étaient opposées à sa nomination à un poste plus important. Spécialisé

dans les questions balkaniques, il était
tout indiqué pour diriger le ministère pendant la crise bosniaque. Il ne trompa pas
ces espérances. Ses débuts au Reichstag,
à un moment défavorable, — on était encore
dans la fièvre de l'affaire du *Daily*, — furent
un échec, qui n'influa en rien sur sa carrière.
Le prince de Bülow l'estimait au point de
le regarder comme mon successeur, au cas
où mon état de santé ne me permettrait pas
de reprendre mon poste. Tout en faisant état
des capacités de l'homme politique, il attendait de la forte personnalité et de la robuste
nature de von Kiderlen plus que de mon
caractère plus circonspect et conciliant. Il
ne put d'ailleurs donner suite à son idée.
Entré en convalescence, je pus reprendre la
direction du ministère. Le prince songeait
à moi pour le poste d'ambassadeur à Paris
qu'il voulait rendre libre, mais il se heurta
à la résistance obstinée du prince Radolin.
Je n'eus connaissance de cette tentative
qu'après son échec. Le prince de Bülow
n'abandonna pas son projet. Il me demanda
de garder M. de Kiderlen, à mes côtés, jus-

qu'à la solution des affaires bosniaques. Sans aucune hésitation, j'eus l'assurance qu'il me serait facile de surmonter les difficultés provenant du fait que von Kiderlen, plus ancien en service que moi, restait au ministère *spe succedendi*. Je ne me trompais pas là et je finis par céder au désir du prince. Il me pria de donner à von Kiderlen l'occasion de prendre sa revanche de son début malheureux au Reichstag, en le faisant travailler avec lui, d'une façon ostensible, à la création d'une entente avec la France au sujet du Maroc.

Le 14 juillet 1909, parut la nomination du secrétaire d'État au ministère de l'Intérieur, M. de Bethmann-Hollweg, comme successeur du prince de Bülow. Son prédécesseur lui avait-il conseillé de nommer au secrétariat d'État des Affaires étrangères M. de Kiderlen, ou ce changement se heurtat-il à des difficultés? Je ne pus le savoir. Je n'eus plus de raison de le rechercher, après que le nouveau chancelier m'eut prié de rester à mon poste, preuve de confiance de mon chef, que je devais priser d'autant plus

qu'il n'était pas familier avec les Affaires
étrangères. Ma situation prenait plus de
poids et d'assiette qu'avec un diplomate
de carrière comme le prince de Bülow.
M. de Bethmann-Hollweg se mit avec zèle
à l'étude de la politique extérieure et des
rouages du ministère, sur lequel planait
toujours le doute créé par l'affaire du *Daily*.
Des rapports actifs se nouaient donc avec
le nouveau chancelier. Cela donna naissance
à la crainte que, rendu indépendant par ma
connaissance des affaires, je cherchasse à
inaugurer une politique personnelle qui
n'aurait pas eu la force voulue. Cette appréhension avait été éveillée par le fait suivant. Dans une conversation confidentielle
avec quelques députés libéraux du Slesvig,
répondant à quelques questions précises,
mais erronées, sur des négociations en cours,
j'avais fait remarquer que l'antagonisme
entre l'idée allemande et l'idée danoise, à
notre frontière du nord, venait moins du
fond de la querelle que de la manière de
lutter et que cela préparait de grosses difficultés à notre politique étrangère. Cette opi-

nion subit la déformation d'une fausse interprétation, et s'aggrava dans les milieux nationalistes de cette supposition, corroborée par les faits précédents, que je ne montrais pas la fermeté voulue contre les aspirations danoises.

Cette supposition était dénuée de fondement, mais je pris néanmoins le soin, comme je l'avais fait avec le prince de Bülow, de conformer encore plus exactement mes négociations politiques aux pensées, aux désirs et aux vues du nouveau chancelier. Je suivis cette méthode pour les affaires prussiennes, dans la mesure où une action distincte de la politique générale de l'empire était possible. J'en connaissais moins les ressorts d'ordre psychologique que le chancelier, sorti de l'administration prussienne, président du ministère prussien et ministre prussien des Affaires étrangères. La légende, admise dans les milieux nationalistes, de ma prétendue tendance à toujours céder, se modifia lorsque je dus à nouveau négocier avec la France pour le Maroc, et que j'y maintins énergiquement les intérêts allemands. Il s'agissait des prétentions qui visaient les mines des frères Mannesmann. Ces hardis et actifs capitaines d'affaires au Maroc avaient toujours été favorisés par le ministère, comme des pionniers de la pénétration pacifique allemande, qui s'effectuait dans les limites d'un droit encore un peu indéfini. Cet appui ne pouvait continuer si les limites étaient franchies arbitrairement, surtout après des avertissements répétés. La reconnaissance des droits des Mannesmann, l'exploitation des mines, étaient bien d'intérêt allemand, mais nous ne pouvions plaider pour cette cause avec la vigueur nécessaire, sans être en contradiction avec le droit marocain, établi en commun par toutes les puissances et, en partie, sur notre initiative. En essayant de soutenir le point de vue particulier des frères Mannesmann, nous n'aurions pas seulement renié notre propre signature, mais nous aurions eu à combattre la France, et la totalité des puissances européennes, et comme cela fut dit avec intention, notre défaite diplomatique était certaine. Il restait à s'entendre avec de la Marine anglais, lord Twedmouth. Elle était la suite d'entretiens précédents, combattait certaines préventions, rectifiait certaines erreurs, et donnait quelques statistiques sur notre flotte. Cette lettre avait été connue par suite d'une maladresse de lord Twedmouth. On s'élevait fortement en Angleterre et en Allemange contre cette ingérence personnelle et cet acte, prétendu anticonstitutionnel, de l'empereur. Le chancelier le défendit au Reichstag. Il ne fut pas question du fait important que l'empereur m'avait donné connaissance du document avant de l'envoyer. Pourquoi ne lui aurait-il pas été licite de poursuivre par écrit une discussion utile, commencée verbalement? Les autres souverains n'usaient-ils pas de la même liberté et d'une manière pas toujours aussi bien intentionnée et sans reproche? Peut-être l'empereur fut-il incité à donner au ministre anglais de nouvelles preuves de ses connaissances techniques en la matière? En tout cas, cela ne changeait rien à la question, et cette correspondance était inoffensive.

Un fait plus important, dans lequel il s'agissait aussi de paroles et d'actes de l'empereur, eut des suites pénibles. C'est l'affaire du *Daily Telegraph*. Cette feuille anglaise avait relaté des conversations de Guillaume II et fait cette publication sous une forme qui paraissait officieuse. Je n'étais absolument pour rien dans ce malentendu, qui eut lieu pendant mon absence du ministère. Ce que j'en connais, l'affaire n'ayant jamais été complètement éclaircie, est ce qui suit.

Le 11 octobre 1908, à sept heures du soir, le chancelier me fit prier de venir discuter avec lui sur la situation créée par l'annexion de la Bosnie et de l'Herzégovine à la monarchie habsbourgeoise. Le service qui me transmit cette invitation (*ici, il faut mettre les points sur les i*), me fit parvenir dans un carton fermé un document peu volumineux, avec la remarque qu'il contenait des papiers secrets dont le chancelier s'était réservé l'étude personnelle. Elle n'était pas terminée, en dépit de l'urgence. Comme j'avais à répondre à la demande du chancel'entente entre les intéressés, sans recours à l'aide officielle. Une personnalité bien connue, M. Walter Rathenau, offrit de mettre à notre disposition ses relations utiles à Paris et son expérience des affaires pour amener une entente, s'il obtenait l'autorisation du ministère compétent. Je la lui accordai volontiers. Grâce à son savoir-faire, il put établir à Paris un plan de conciliation avantageux. Les frères Mannesmann, après une première acceptation, ne purent, à la dernière minute, se décider à donner leur signature. Plus tard, ambassadeur à Paris, j'ai repris ces essais d'entente sur de nouvelles bases, obtenu l'aide du gouvernement français, et principalement du président du conseil Caillaux. On réussit à établir un projet et à échanger dans le salon de l'ambassade les signatures des Français intéressés et des frères Mannesmann pour le contrat de société. Ces derniers transgressèrent plus tard les clauses du contrat et nous interdirent ainsi tout autre effort officiel.

L'excitation causée par l'affaire Mannesmann prit une telle envergure et une telle

gravité qu'elle conduisit à une multitude
d'attaques violentes contre les dirigeants
de la politique extérieure. Le but avéré
était d'ébranler ma situation. J'étais, pour
me servir d'un mot de Bismarck, dans la
« ligne de saleté ». On me couvrait d'injures,
on me transperçait de flèches empoisonnées
dans une mesure qui dépassait de beaucoup
la loyauté des combats politiques. Mes amis
me mirent au courant des inventions hai-
neuses, des soupçons incessants et perfides,
lancés avec violence contre moi. Je n'y ai
répondu que par le dédain. Lorsque j'ai pu
atteindre des adversaires qui ne se cachaient
pas sous l'anonymat, j'ai chaque fois obtenu,
avec des excuses, cet aveu explicatif que
les attaques étaient basées sur des suppositions que l'on était forcé de déclarer fausses.
On assurait aussi souvent qu'on ne me visait
pas personnellement.

   Au cours de ces agressions continuelles,
dans la presse et au Reichstag, on en venait
toujours à rappeler l'affaire du *Daily*, mes
hésitations dans l'affaire Mannesmann, la
mollesse que j'aurais montrée pour dé-

fendre les intérêts allemands. Ces campagnes se terminaient sans exception en faveur du ministère. La confiance ébranlée finissait par lui revenir. Une dernière manœuvre au Reichstag, émanant d'un adversaire mal renseigné, qui me taxa de *créature féminine, fausse et bassement complaisante envers l'étranger*, s'attira un sévère rappel à l'ordre du chancelier. La fatigue de nos adversaires commença à se trahir dès lors et l'on eut le sentiment qu'ils avaient dépassé le but et perdu la bataille.

Bien avant mon entrée au ministère, la presse allemande, mécontente du cours des événements, avait commencé plus que de raison à critiquer la politique étrangère et ses dirigeants. Ce ne fut tout d'abord qu'un tâtonnement, une reconnaissance perdue dans le brouillard, avec un but mal défini. On parlait de fautes diplomatiques sans préciser l'objet de ces récriminations. Notre attitude à l'égard des puissances, son interprétation pratique par nos représentants, étaient sans cesse sujettes au blâme et soumises à l'idée préconçue qu'elles multipliaient les erreurs.

Cette tendance à juger défavorablement trouvait d'autant plus d'écho que ceux qu'atteignait une sanction ne pouvaient se défendre, qu'ils étaient peu connus dans le pays et, surtout, que le sentiment public était, en général, peu instruit des devoirs et des travaux diplomatiques. On s'en rapportait encore à d'antiques préjugés et l'on se représentait volontiers le type du diplomate de carrière sous les traits d'un mondain tiré à quatre épingles, qui savait passer à côté de la vérité avec une subtile ingéniosité. La position élevée des représentants à l'étranger faisait naître aussi des sentiments de jalousie. Cette prévention prenait sa source dans l'atmosphère pleine de mystère qui entourait les actes diplomatiques. Moins on savait, plus on faisait de suppositions malveillantes, plus on réclamait d'éclaircissements, plus forte était la tendance à porter des jugements sur les choses et sur les personnes, en se basant sur des signes incertains, sur des apparences trompeuses et sur des indices sans valeur. Chaque représentant à l'étranger était l'objet de critiques désagréables. L'un était trop représentatif, l'autre vivait en ermite ; l'un ne s'adaptait pas assez à son entourage, l'autre le subissait trop ; l'un était trop doux, l'autre trop rude, la plupart ne devaient leur avancement qu'à la bienveillance de la cour ou à leur fortune brillante. On n'accordait de confiance qu'à ceux dont le nom, à tort ou à raison, était lié à un succès tangible ; ceux qui travaillaient patiemment et lentement n'étaient pas remarqués. La mauvaise humeur se répandait, au point qu'à chaque acte diplomatique, on avait coutume d'apposer le cachet *insuccès*.

Mécontente du présent, l'opinion fut amenée à désirer un état de choses meilleur. On crut avoir trouvé la source du mal dans la prédominance de l'aristocratie de naissance et de fortune. On demanda l'emploi de personnalités plus bourgeoises. Si, parmi ces vœux, il s'en trouvait qui étaient l'émanation de la force puissante de l'ambition personnelle, il ne faut pas méconnaître qu'en général, ils se basaient sur un droit fondé. Le développement historique de la diplomatie, de même que les obligations impérieusement attachées à certains postes, avaient conduit à des conditions qui ne répondaient plus à l'esprit du temps. Du côté dirigeant, on connaissait l'imperfection de ces méthodes. On avait la ferme volonté de tracer de nouvelles voies, quelques-unes même étaient devenues un fait accompli. Leur réalisation complète se heurtait encore à des circonstances, en grande partie plus fortes que la volonté. Ce qui put être fait pour abolir les vieilles coutumes fut exécuté sur-le-champ. Les nominations aux postes, l'adjonction de nouvelles forces utiles pour rajeunir les cadres diplomatiques s'effectuèrent d'après des principes exempts de préjugés. On établit des règlements pour l'admission des candidats à la carrière diplomatique et consulaire, sans tenir compte du nom, de l'origine ou des capacités. Des limites furent tracées, car, si toutes les demandes de réformes avaient été prises en considération, on aurait abouti à l'institution d'une école préparatoire de si longue durée, que peu de candidats auraient voulu suivre la filière. Du reste, il n'est pas rare que des génies universels arrivent à se révéler dans la simple pratique. Le savoir théorique, si étendu qu'on le suppose, ne peut rien isolément. Ce qu'il faut au représentant à l'étranger, outre une culture générale profonde, c'est une saine logique, un coup d'œil juste et une main heureuse.

Malgré la bonne volonté et l'intelligence avec lesquelles ce changement dans le ministère fut entrepris (je parle ici du temps de la guerre), les plaintes s'éternisaient. On reprochait à la diplomatie allemande son insuffisance. Après la guerre, on voulut rendre les représentants responsables du funeste cours des événements. Cela est explicable, on cherchait la source du mal en dehors de la question. Dans beaucoup de milieux, on se forgeait des idées, sinon fausses, du moins déplacées, sur les particularités de l'activité diplomatique, sur les possibilités et impossibilités, sur les limites consacrées par l'usage, sur les règles immuables du droit des peuples et des relations avec les puissances. On était trop disposé à attribuer à la diplomatie une autorité qu'elle n'a pas, et ne peut pas avoir, aux représentants une foule de droits, une puissance énorme, un cercle d'action immense, dont ils ne disposent pas et ne disposeront jamais. On exigeait d'eux des actes, que, même s'ils étaient les plus géniaux des surhommes, ils ne pouvaient accomplir. Le courant des événements, dans la vie des peuples, est souvent trop impétueux pour se laisser dominer par la diplomatie.

On parle de forces, mais les sources et les voies n'en sont pas toujours accessibles au pouvoir personnel. Les grandes lignes de la culture politique, économique et civilisatrice des nations, dans le sens progressif ou rétrograde, la croissance, le maintien ou la décroissance de l'activité vitale des peuples, les règles du destin, agissant favorablement ou défavorablement, les idées nationales enracinées par l'histoire, les mouvements et bouleversements, les fluctuations de l'âme populaire, l'agitation des passions, sont des facteurs dont la valeur est en opposition avec les moyens dont dispose le diplomate le plus fort et le plus avisé. Ces moyens se résument dans des instructions générales, des mots, le mot écrit, le mot parlé, le mot imprimé. Un usage judicieux de ces armes peut beaucoup améliorer, un usage maladroit peut beaucoup gâtér... Faire retentir le cliquetis des sabres et des éperons, frapper avec le poing sur la table, ces moyens préconisés par beaucoup de *surpatriotes allemands* ne réussissent pas, même avec les petites puissances, — ce sont les plus sensibles.

Si, par exception, on peut envisager la manière forte, la décision n'est pas laissée aux mains du représentant, mais à celles de la haute autorité dirigeante. Le diplomate se défend plus qu'il n'ordonne. Les temps où l'ambassadeur disposait d'une puissance étendue, de la liberté de mouvements et portait dans les plis de son vêtement la guerre ou la paix, la lutte ou l'entente, sont passés, car l'étincelle qui jaillit d'un conflit peut mettre le feu au monde entier. L'ambassadeur ne peut faire aucun pas important sans l'assentiment de son gouvernement, il doit suivre ses ordres à la lettre. *Les ambassadeurs doivent obéir comme des sous-officiers*, disait Bismarck. Cette dépendance d'une autorité centrale dirigeante est indispensable, car c'est seulement à cette place qu'arrivent toutes les nouvelles qui permettent de se former une idée complète de la situation et de lui donner la direction appropriée. Dans le cas où un représentant aurait des préventions sérieuses contre un ordre de son gouvernement, il peut les faire valoir s'il en a le temps, ce qui est rare. S'il est en désaccord avec la direction générale de la politique secrète, ou si une démarche spéciale lui paraît scabreuse, et que son idée ne prévale pas, il n'a qu'à se retirer. Si, en fait, il s'agit d'un désastre, il n'a aucun moyen de l'empêcher. Il ressort de ces quelques réflexions que la liberté de mouvements d'un représentant est restreinte et se meut dans un espace très limité. Elle ne s'étend que sur le pays où il exerce son activité. Il ne reçoit et ne transmet que quelques menus fragments des fils de la grande politique. Il doit être avant tout observateur, nouer des relations utiles, voir

plus avant que la surface, pénétrer la psy-
chologie de la vie nationale du pays auprès
duquel il est accrédité, trouver les moyens
d'agir effectivement, enfin exposer clairement et complètement à son gouvernement
le résultat de ses observations et de ses efforts
avec preuves à l'appui. Tirer les conclusions,
prendre les décisions, revient à la direction
de la politique extérieure. Elle n'a pas toujours une complète liberté. Comme le général
en chef, elle doit être attentive à imposer
à son adversaire sa manière de voir. Cette
volonté ne procure pas nécessairement la
maîtrise de la situation. L'histoire de la
paix, comme celle de la guerre, — de la
guerre mondiale en particulier, — est riche
en exemples qui démontrent que d'autres
forces que les forces diplomatiques, solli-
citées ou non, forcent la direction de la
politique à suivre d'autres voies que celles
dans lesquelles elle se serait engagée de son
plein gré.

Remarquons aussi que la diplomatie est
souvent l'héritière peu enviable de legs
écrasants et doit porter le fardeau d'évé-

nements fâcheux qui sont survenus sans sa
coopération. Certaines situations conduisent
les nations à des difficultés dont ni les
unes ni les autres ne sont responsables directement, incidents, malentendus, interpré-
tations contraires des droits, toutes choses
qui tombent du ciel comme des aérolithes.
Il ne faut pas oublier que le travail diplomatique n'est pas seulement influencé par
l'effort en sens contraire du côté adverse,
mais aussi par celui de la nation même. Il
arrive que la diplomatie ait à *remastiquer*
les vitres que la presse a enfoncées, et aussi
à réagir contre des désastres plus importants. On a pu, d'ailleurs, souvent constater
que ce travail, comparable à celui de Péné-
lope, a été détruit parfois, réduit à néant par
des mains inexpertes.

Après ces observations, avouons que, si
les reproches dirigés habituellement, dans
notre pays, contre la diplomatie allemande
ne sont pas fondés, elle n'a pas toujours été
complètement innocente ; ainsi le veut la
nature humaine. Des fautes graves, d'autres
moins lourdes, furent commises par les

dirigeants et leurs subalternes, mais elles sont isolées et effacées par un ensemble imposant de bon travail et de succès. Le résultat aurait pu être encore plus brillant, si notre diplomatie avait eu à sa disposition des moyens d'action comparables à ceux des autres grands États. Sur ce point, les appréciations, mûries par l'expérience des années de guerre, étaient justes lorsqu'elles ont accusé l'inanité des promesses faites, mais jamais réalisées. Comme secrétaire d'État en 1910, j'avais soumis au conseil et au comité du Reichstag un plan, approuvé à l'unanimité, basé sur l'activité de la presse. La demande d'augmentation de crédits fut cependant repoussée par la majorité. Elle se heurta à l'opposition des libéraux, et surtout à celle de la partie du Centre qui subissait l'influence de M. Erzberger. On se défiait, car on pensait que les crédits ne serviraient pas seulement pour les buts avoués, mais pour la propagande intérieure contre le Centre. Il me fut affirmé confidentiellement de la façon la plus formelle que cette défiance ne visait aucunement ma personne. Je pouvais compter sur des concessions généreuses, si je voulais sans retard opérer des changements dans le personnel de la section de la presse. Je ne pouvais me soumettre à ce désir, je me serais mis en opposition avec l'opinion et le vœu du chancelier.

On voit par là combien le parti pris et les préventions pouvaient paralyser la force de la politique extérieure. Cette constatation influa beaucoup sur ma décision de quitter mon poste.

On décida donc d'établir de nouvelles bases pour la formation et le choix de nos représentants à l'étranger, et le renouvellement de l'esprit et de la forme de l'autorité dirigeante du ministère des Affaires étrangères. Ces demandes de réformes reposaient, pour la plupart, sur l'idée fausse, entretenue par l'affaire du *Daily*, qui représentait le ministère comme le refuge de la bureaucratie arriérée. L'esprit qui régnait, à vrai dire, était plus large, plus prompt à s'adapter aux circonstances qu'on ne le pensait communément. La puissance de travail, la ponctualité mise à traiter sans retard des questions d'une extrême diversité, ne laissaient rien à désirer. La vieille machine que faisait mouvoir sans arrêt cet organe travaillait sans se ralentir, exception faite pour le cas exceptionnel et unique du *Daily*. Mais la machine était de fabrication ancienne, elle devait être remplacée par une autre, meilleure et plus moderne. Nulle part plus tôt qu'au ministère on ne reconnut l'utilité de cette mesure. Plusieurs projets de transformation restèrent en suspens par suite des difficultés qu'entraîna la réforme des finances. Il fallut se contenter de petites améliorations et attendre pour le reste des temps plus propices. On avait pensé, déjà autrefois, à introduire le système régional; le manque de cohésion eût été comblé, autant que possible, par les conférences des directeurs, des organes de liaison et des intermédiaires indispensables. Les difficultés financières ne permirent pas d'avancer dans cette voie. De plus, la charge écrasante du secrétaire d'État lui interdisait de consacrer son temps et son activité à cette question épineuse et à sa mise en pratique et l'on ne pouvait pas songer à le délivrer de son lourd fardeau sans de graves inconvénients. Quant à confier à d'autres mains le soin de cette réforme, cela ne me parut pas compatible avec ma responsabilité. Nous ne manquions pas de capacités, mais elles n'étaient pas disponibles, bref, un *circulus vitiosus*...

En 1910, se posa, en politique intérieure, la question d'Alsace-Lorraine. Sa solution pouvait exercer une influence profonde sur la politique extérieure. J'assistai à la séance du ministère d'État prussien qui avait à se prononcer sur l'affaire, conséquence logique de la décision prise au Conseil d'État. On me demanda mon avis au point de vue de la politique extérieure, et si j'estimais que l'on devait tenir compte d'une façon large ou limitée des vœux de la population. J'exposai que le parti le plus sage était d'accorder l'autonomie désirée. Elle contenterait les Alsaciens-Lorrains, tranquilliserait dans une certaine mesure la France, et diminuerait la tension. Placer l'Alsace-

Lorraine sur le même pied que les autres
États formant l'empire démontrerait, d'une
façon évidente, notre confiance dans la
solidité de l'édifice impérial, mais ne serait
pas sans provoquer en France une déception.
Les Français considéraient toujours la situation existante comme provisoire. La majorité,
très sensible au point d'honneur, éprouverait
un certain soulagement à voir placer une
province, autrefois française, dans une situation plus indépendante. Cela pourrait être
le premier pas vers des relations meilleures
et donner à certains sentiments d'apaisement français la force qui leur avait manqué pour se faire jour. La crainte que l'influence française ne devînt prépondérante
en Alsace-Lorraine ne me parut pas fondée.
L'esprit sain de la population allemande, la
plus nombreuse, opposerait à la pénétration
de l'idée française un rempart plus fort que
celui qu'aurait pu élever une tutelle bureaucratique. Malheureusement, je fus seul à
avoir cette conception. Le chancelier ne
s'y associa pas et, comme je n'avais pas voix
délibérative au Conseil d'État, mon opinion

n'eut pas de suite. Les événements ulté-
rieurs ont prouvé que mon idée aurait mérité
d'être prise en considération. M. de Bethmann-Hollweg, dans son livre *Considérations
sur la guerre mondiale*, avoue franchement
que le refus de l'autonomie fut une faute.
On a essayé, vers la fin de la guerre, de la
pallier. Il était trop tard.

La question de constitution des États du
Reich n'est pas la seule pour laquelle la
direction des Affaires étrangères eut des
difficultés. Son avis, quand on le lui demandait, n'était pas écouté. Ainsi furent décidées les entreprises de canaux en Prusse,
destinées à augmenter sensiblement les con-
tributions sur la navigation. Elles se heurtèrent à une forte opposition de la Hollande
et de l'Autriche, intéressées aux accords
du Rhin et de l'Elbe, et aussi à celle des
petits États. La résistance fut d'autant plus
acharnée qu'aucun essai d'entente n'avait été
fait auparavant. Le ministère des Affaires
étrangères eut la tâche ingrate et sans espoir
de succès de s'employer à vaincre ces oppositions. Une autre obligation, non moins

difficile, lui était réservée du fait de la politique prussienne à l'égard du Danemark. Elle se comportait de façon à rendre embarrassantes des relations franches et à compromettre le traité de commerce préparé avec ce pays voisin, puissant au point de vue économique. Le ministre des Affaires étrangères reconnaissait que l'insuccès des essais visant à germaniser entièrement la population de langue et d'origine danoises à notre frontière du Nord, préparait beaucoup de déboires aux autorités de l'intérieur, nécessitait des mesures appropriées, mais il pensait que ces inconvénients, n'affectant qu'une faible partie du pays, ne pouvaient pas avoir assez d'importance pour nuire aux relations des deux États. Cette politique prussienne amena aussi des divergences avec notre alliée l'Autriche-Hongrie, à l'occasion des frontières de l'Est et des pratiques d'expulsion. Le ministère eut à en discuter à plusieurs reprises, sans résultat apparent, de là des critiques plus ou moins déguisées contre sa trop grande condescendance envers l'étranger.

Les obligations de cour étaient aussi un surcroît de travail appréciable, qui venait s'ajouter à l'expédition des affaires courantes. Le secrétaire d'État ne devait pas seulement assister aux grandes réceptions, mais à toutes celles qui avaient lieu en l'honneur de visiteurs étrangers, membres du corps diplomatique, missions spéciales, congrès, etc. Elles étaient si nombreuses que l'une suivait l'autre sans arrêt. L'occasion se présentait quelquefois de causer utilement avec des personnages importants, mais, dans la plupart des cas, l'intérêt politique était si faible qu'il ne compensait pas la perte de temps. Le fait suivant mérite d'être relaté, car il touche à la politique.

Une visite de l'archiduc héritier du trône, François-Ferdinand, et de sa femme donna lieu à un menu conflit, où s'affrontèrent les considérations politiques et les usages de la cour. La politique suggérait d'ordonner une réception somptueuse, l'étiquette de la cour s'y opposait. Il y eut divergence formelle. L'impératrice vint trouver le chancelier pour le prier de ne pas suivre les usages politiques. Il resta ferme. La visite s'effectua sans le moindre incident.

Quelques faits d'un caractère plus gai se passèrent en d'autres circonstances. Deux missions chinoises, venues pour étudier notre marine et notre armée, furent reçues en grande pompe. La seconde de ces missions attendait l'empereur dans la salle en rocaille du nouveau palais. L'empereur, souffrant d'un furoncle au bras, ne pouvait, à cause du bandage, entrer dans la manche de son uniforme. La proposition de faire une ouverture dans la couture de la manche fut repoussée avec tant de vivacité par le vieux valet de chambre de Guillaume II que l'on dut y renoncer. Par bonheur, on put prévenir par téléphone le kronprinz, de sorte que la réception eut lieu sans grand retard.

M. Théodore Roosevelt, ancien président des États-Unis, en revenant d'une partie de chasse dans le Soudan égyptien, s'arrêta dans les capitales européennes, pour y prononcer des discours. Sa visite à Berlin ne se passa pas tout à fait comme il avait été prévu.

Bien que l'ex-président ne fût considéré que comme homme privé, l'empereur, dans le désir de plaire aux Américains, avait l'intention de donner l'hospitalité à sa famille et à lui au château, à Berlin. Je savais par M. Hill qu'il se serait volontiers privé de cette attention, qui ne serait pas bien comprise en Amérique. Je voulais précisément en avertir l'empereur, lorsque arriva la nouvelle de la mort du roi Édouard. Le deuil de la cour réduisait la réception à la plus grande simplicité. La fatalité domina encore les événements. On avait annoncé que le train de Copenhague, par lequel devait arriver M. Roosevelt, avait un fort retard. Par suite, aucun personnage officiel n'était présent pour le recevoir, le train ayant rattrapé presque tout le temps perdu. A part ce contretemps, la visite eut lieu sans incident. L'empereur trouva grand plaisir en la compagnie de l'ex-président, aux allures viriles et simples, et le combla d'amabilités. On a pu voir pendant la guerre mondiale le peu d'influence qu'obtinrent sur M. Roosevelt les prévenances et la sympathie impériales.

Si j'avais résisté victorieusement aux nombreuses attaques de mes adversaires, le souvenir de la manière dont se déroulaient les luttes politiques ne me faisait pas souhaiter de rentrer à nouveau dans l'arène. Je doutais aussi que l'aide utile que je pouvais fournir au chancelier fût suffisante. Nos deux natures étaient si semblables, se complétaient si bien l'une l'autre que la direction de la politique étrangère évoluait dans le sens qui répondait au sentiment de la nation. Nous étions tous deux plus portés à la réflexion et à la prudence, qu'à la décision prompte et à l'action forte. Ma santé ébranlée me faisait désirer le repos ou, tout au moins, une occupation exigeant moins d'activité déprimante. Au cours de l'été de 1910, je me décidai à offrir ma démission de secrétaire d'État et à accepter le poste qui m'avait été offert, celui d'ambassadeur à Paris. Je n'ai nullement sollicité ce poste. Le chancelier me laissa le choix : reprendre ma place au ministère après un repos nécessaire, ou aller à Paris, l'ambassadeur actuel n'étant plus à la hauteur des circons-

tances. J'avais la conviction que personne
d'autre que M. de Kiderlen ne possédait
les qualités exigées par les événements
et ne pouvait me succéder. C'était aussi
l'avis du chancelier. Mais ce choix ne se
heurterait-il pas au veto de l'empereur?
Celui-ci avait gardé un souvenir désagréable
d'un voyage où Kiderlen l'accompagna et
où il avait donné trop libre cours à son hu-
mour inné. Le kaiser sacrifia son sentiment
personnel aux nécessités politiques et accepta. On remarqua que mon départ ne fut
pas accompagné d'une lettre du cabinet
impérial et il courut le bruit qu'il ne s'était
pas accompli favorablement. La lettre n'est
pas d'usage pour les secrétaires d'État des
ministères, car la compétence du cabinet
civil prussien ne s'étend pas à cette éventualité. J'ai reçu de l'empereur une démonstration amicale qui ne fut pas connue. C'était
un télégramme de Kiel ainsi conçu : « *J'ai
pleine confiance que vous rendrez à Paris
d'aussi bons et loyaux services que vous
en avez rendu jusqu'ici dans votre poste. En
souvenir de ces jours de Berlin, je vous fais*

*parvenir ma photographie avec ma signature.
En reconnaissance.* GUILLAUME I. R. »

Ma situation officielle comportait des relations personnelles actives et obligatoires avec l'empereur. Par inclination et habitude, il prenait une part active à la politique extérieure, voulait être tenu au courant des affaires en cours. Dans les cas importants, il fallait attendre son avis ou sa décision. C'étaient donc des relations de service ininterrompues, soit écrites, soit verbales, et de nombreux contacts à l'occasion des réceptions à la cour. Ces relations étaient facilitées du fait que, passagèrement, l'empereur permettait de ne pas employer les formes habituelles commandées par les usages de la cour. Pendant son séjour à Berlin, il aimait à passer les premières heures de la matinée, soit chez le chancelier, soit chez moi, ou chez tous les deux et à traiter les affaires en se promenant dans les beaux jardins de nos résidences. Habitué à imposer sa volonté et son opinion, il n'était cependant pas rebelle à la contradiction, mais prêt à accorder leur valeur réelle aux paroles et avis du conseiller responsable. A plusieurs reprises, il me fut possible de lui dire, à lui qui exigeait une sincérité sans réserve, des choses qui ne lui étaient pas agréables, d'obtenir des décisions qui ne lui plaisaient pas, même de lui faire rétracter celles qui étaient déjà prises, sans jamais, pour cela, constater de signes de mauvaise humeur. L'opinion s'était répandue qu'il procédait, pour les questions de personnes, par inclination naturelle et sans expérience. Je ne connais pas de cas où il n'ait approuvé les choix faits par l'autorité responsable, où la question de position de fortune d'un ambassadeur ou d'un attaché ait été soulevée, même à titre d'indication. Si, malgré sa volonté, ferme et précise, de ne pas pénétrer sur le terrain de la politique étrangère sans être approuvé par le ministre responsable, il arriva qu'il eût prononcé des paroles dépassant les limites permises, cela s'explique par son tempérament, violemment impulsif dans sa jeunesse, toujours très ardent dans l'âge mûr, qui ne lui permettait pas de résister dans une suffisante mesure aux mouvements de

sa pensée, aux suggestions provoquées par
une occasion, en apparence inoffensive.
L'empereur était une personnalité très marquée, remarquablement douée par certains
côtés, d'un caractère simple comme celui
d'un enfant. En tout, plutôt un homme de
cœur sincère et ouvert qu'une haute et
sereine intelligence. Il était animé de la
ferme volonté d'être le fidèle dépositaire
d'un mandat souverain, consacré par les
lois divines et humaines, plein de l'idée et
de la confiance que la force lui était provi-
dentiellement donnée pour l'accomplir. Il
possédait une nature accessible aux sentiments profonds, une facilité de compréhension rapide, une science parfaite sur certains points, sur d'autres superficielle. Sans
préjugés surannés, cependant un ferme
croyant en la grâce de Dieu, tantôt de décision précipitée, puis hésitant, le plus souvent convaincu de la justesse de sa pensée,
d'autres fois torturé de doutes et de préventions contre lui-même.

A plusieurs reprises, — le monde n'en a
jamais rien su, — son activité infatigable

s'arrêta, il fut en proie à des accès d'abatte-
ment, de dépression, l'idée d'abdiquer le
hanta. Dans de tels moments de découragement, il avait besoin des consolations de
l'impératrice. Elle le réconfortait, l'encoura-
geait à poursuivre l'accomplissement des
devoirs de sa charge, lui arrachait la promesse de montrer plus de force et de volonté. Un de ses côtés les plus faibles était
le manque de connaissance en hommes, résultat de l'horizon fermé de la cour. La confiance qu'il donnait à quelques amis dépassait toute mesure. Il croyait être payé de
retour et eut à ce sujet d'amères désillu-
sions, dont il ne lui restait pas d'amertume;
elle se noyait dans le fond de son âme.
Les deux dons, si utiles à un souverain,
savoir juger les hommes et peser les événements, lui furent refusés. Une éducation
solitaire, un appel prématuré au trône, l'ad-
miration flatteuse et toujours plus intense de
ses contemporains, ne l'aidèrent pas à ouvrir
les yeux à la connaissance de la vie.

En somme, de grandes qualités, mais
aussi de grandes lacunes, une noblesse d'âme

sans égale. Dans la vie publique, un maître imposant, dominateur, marchant sur de hauts cothurnes ; dans la vie privée, un homme simple, d'une nature captivante, d'une sincérité complète, d'une grande bonté de cœur. De ces deux personnalités, quelle était la véritable? Lequel était le vrai Guillaume II, de l'homme privé ou de l'homme public au destin bruyant et agité? Problème psychologique que seuls peuvent trancher ceux qui l'ont bien connu sous ce double aspect. Quelle impression conserveront-ils de l'image en quelque sorte voilée de l'empereur? Plus de lumière que d'ombre, et, grâce aux dons naturels du modèle, plutôt le souvenir de ses bontés que celui de ses faiblesses.

CHAPITRE IV

MON AMBASSADE A PARIS

Allemands. — Mon retour en Allemagne. — Rapport à l'empereur.

Ma nomination d'ambassadeur à Paris s'était faite dans un moment de tranquillité, succédant à une période de tension. La solution de l'affaire de Casablanca, l'accord du Maroc de février 1909 avaient exercé une action bienfaisante sur les dispositions des deux nations. Dans les discours de réception échangés avec le président Fallières, on employa pour la première fois les mots *relations amicales*. Cette formule n'avait pas été choisie par moi, mais était le résultat d'une réflexion approfondie des autorités dirigeantes de Berlin, et l'expression d'un désir sincère. Le terrain était-il préparé pour recevoir la semence d'une meilleure entente? Sans aucun doute, nos relations avec notre voisin de l'Ouest dépendaient encore de la grosse question de l'Alsace-Lorraine. Quarante ans s'étaient écoulés depuis la sévère défaite de la France et ses pertes de territoire, de puissance et de considération. Le pays relevé était maintenant

florissant. A l'intérieur, après de longues
luttes, était venu l'apaisement. A l'extérieur, des possessions coloniales précieuses,
une politique sage lui avaient depuis longtemps reconquis le rang de grande puissance.
Mais la blessure de 1871 saignait toujours,
l'orgueil national, fortement éprouvé, ne
pouvait se consoler.

Le temps avait exercé son influence, on
ne parlait plus aussi haut et d'un ton aussi
menaçant des *provinces perdues*, comme
dans la période d'excitation passionnée du
général revanchiste Boulanger, et du chef
des patriotes Déroulède, mais l'âme française, comme auparavant, persistait à ca-
resser le rêve de la reprise de l'Alsace-
Lorraine. Ce sentiment restait le pivot de
la politique française, et empêchait toute
espérance de détente. Les quelques symp-
tômes relevés dans un sens plus favorable
ne pouvaient être considérés comme l'expression d'un abandon de la réalisation de
ces ambitions, mais seulement comme une
simple halte, un recul devant la possibilité
d'actes décisifs. La situation ne s'améliora

jamais, même dans une époque de prudence et de modération, au point de permettre à un gouvernement de se maintenir au pouvoir en entreprenant une seule négociation pouvant être considérée comme la reconnaissance du traité de Francfort. La majorité de la population avait cessé de s'abandonner aux ardeurs brûlantes du patriotisme, mais une minorité, usant de moyens énergiques et efficaces, s'efforçait inlassablement de les entretenir pour l'heure utile où l'on pourrait en faire jaillir des flammes. En aucun pays mieux qu'en France, ne se vérifia la maxime qu'une minorité active peut entraîner une masse plus indolente. Plus tard, sous la direction d'hommes clairvoyants, la nation a cherché l'utilisation de ses forces loin de la trouée des Vosges et trouvé dans le domaine colonial une voie fertile en résultats. Mais un insuccès éveillait-il du mécontentement, un parti adroit et fort montrait à l'âme populaire l'ancien but, *les provinces perdues*, vers lesquelles devaient tendre tous ses efforts les plus énergiques. La politique française était évidemment dominée par son antagonisme avec l'Allemagne, sans préjudice de divergences sur quelques autres questions. Tout ce qu'elle tramait dans la grande politique ne servait qu'à préparer des conditions préliminaires favorables pour un règlement futur avec l'Allemagne. C'est ainsi que s'établirent, d'abord avec la Russie, une alliance et des arrangements militaires s'y rattachant. Dix années plus tard, après que, dans des conditions presque humiliantes, eut fléchi l'hostilité séculaire des deux pays, se noua l'amitié avec l'Angleterre, l'*Entente cordiale*, à laquelle la France chercha toujours à donner une forme plus étroitement expressive.

Ces succès importants furent suivis d'un temps de repos, facilement explicable du fait qu'on avait en France l'assurance que la diminution continuelle de la population et la faiblesse qui en résultait seraient compensées par les forces coloniales en hommes, et l'appui d'une alliée et d'un ami puissants. On serait donc prêt à affronter, au moment voulu, l'Allemagne, avec des chances de victoire bien fondées.

Cette situation m'indiquait nettement la voie à suivre à Paris. Il était clair que dans l'impuissance où était la nation française de se contenter du présent, la véritable source de discorde européenne était à chercher dans le malaise et la contrainte de charges militaires écrasantes. Si les en détourner paraissait un projet insensé, il était cependant dans l'ordre des choses possibles de faire dériver en partie les influences souterraines et de les détourner dans la direction d'un effacement progressif. Des essais dans ce sens me parurent dignes de tous mes efforts. Ils ne devaient ni consister dans des amabilités importunes, comme cela fut le cas, sans succès durable, ni dans une attitude blessant la sensibilité, toujours éveillée, des Français. Si l'on voulait semer les germes d'une entente meilleure, il fallait peser soigneusement toutes ses paroles et ses actes en prévoyant leur répercussion sur la vie sentimentale et politique du pays. Dans l'ensemble, une attitude tranquille, mesurée, courageuse, dans le détail des ententes, qui, attentives à écarter les terrains

brûlants, pouvaient seules créer une atmosphère plus respirable, où la frêle plante de
l'apaisement pourrait croître au bord de
l'abîme et se développer.

Après quelque temps d'observation attentive, j'étais convaincu que la nation française, sans renoncer à son idéal, pensait
pacifiquement et ne se laisserait pas entraîner par les agitateurs nationalistes dans
des aventures périlleuses. Il fallait donc
compter que plus les progrès de la conciliation seraient constants, plus nous devrions
être attentifs à ne pas les troubler, à éviter
toute démarche qui pourrait remettre en
ébullition le sentiment patriotique, si sensible, et aider les prédicateurs de la revanche,
en amenant de l'eau à leur moulin.

Les débuts de mon activité à Paris furent
favorables pour la conduite des affaires.
On établit des plans pour marcher la main
dans la main, dans l'esprit de l'accord du
Maroc, pour ce qui concernait l'empire
chérifien ainsi que les autres territoires africains. Plusieurs entreprises de ce genre amorcées par l'Allemagne furent presque me-

nées à maturité. Elles ne faisaient pas l'objet de discussions officielles, mais de conversations confidentielles. Des deux côtés, elles étaient encouragées par les milieux politiques. Plusieurs ministres français s'employèrent à les faire aboutir, mais précisément cette circonstance, qui paraissait réjouissante, ne nous servit pas. Il se manifesta des frottements entre les politiciens se disputant le pouvoir, de là des difficultés où sombrèrent nos plans.

Le Maroc devait aussi se révéler comme une boîte de Pandore. L'ambition de quelques représentants militaires et politiques au Maroc ne se contentait pas de la situation créée par les accords et le traité ; elle essayait de dépasser les limites fixées, d'une façon qui déguisait mal un désir de conquête. Les prétextes furent, comme à Tunis, des incidents donnant une excuse opportune pour commencer l'action. Ainsi l'effort militaire contre les villes du sultan, Fez et Meknez, pour secourir les Européens soidisant en danger, et, après des combats insignifiants, l'occupation. Le gouvernement

français assura que cette occupation n'était
que provisoire et que, dès le calme revenu,
elle serait levée. Les derniers exemples
français dans le nord de l'Afrique, et plus
clairement encore le précédent anglais en
Égypte, nous enseignaient ce qu'il fallait
penser de cette affirmation. Le chancelier
à Berlin, auprès de l'ambassadeur, et moi à
Paris, auprès du gouvernement, nous fîmes
nos réserves à propos de cette avance française au Maroc.

Le gouvernement français (président du
conseil Monis; ministre des Affaires étrangères Cruppi), qui semblait dominé par
les événements, ne trouva pas la force de
s'opposer à la poussée militaire et de réduire
à ses justes proportions la fable qui montrait
les Européens courant dans les villes du
sultan un danger pressant. On savait à
Paris que cette action dépassait le cadre
d'une opération de police admissible, qu'elle
violait les accords et le traité; on ne pouvait
pas douter non plus que notre désir d'éviter
des froissements ne pouvait cependant nous
faire regarder tranquillement des initiatives

qui portaient atteinte à nos intérêts et à nos droits, garantis par les traités. On savait aussi que notre assentiment ne pouvait être obtenu qu'en nous accordant des compensations et des dédommagements. Mais, on ne se résolut pas à franchir ce pas qui aurait prouvé de la bonne volonté. Cependant, nous laissâmes le temps de la réflexion. Le moment arriva où l'Allemagne se vit forcée d'élever la voix et d'agir. Elle envoya la canonnière *Panther* à Agadir, sur la côte sud du Maroc.

Cette résolution fut prise à mon insu. Je n'avais pas été mis assez au courant des événements pour pouvoir donner mon appréciation en tout état de cause. J'avais cependant appris en sous-main que l'on songeait à une démonstration. Mais de quelle envergure, avec quels moyens, en quel lieu, à quel moment, je n'en savais rien. Je le connus à l'heure précise où je reçus la mission de communiquer au gouvernement français l'envoi du navire, basé sur ce fait que nos intérêts économiques dans le sud du Maroc, territoire de Sousse, étaient menacés par des mouvements inquiétants, consécutifs, selon toute apparence, à ceux des autres parties du pays. Nous devions donner aide et assistance, en cas de besoin, aux Allemands et aux sujets alliés. Dès que l'ordre serait rétabli, la *Panther* quitterait Agadir. C'était une démonstration évidente et une affirmation nette de nos droits.

Quoique la conscience française ne fût pas sans reproche, bien que des avertissements prophétiques (ceux de Jaurès) se fissent entendre, la nouvelle de notre décision éclata à Paris comme une bombe. La première impression fut de la surprise et de la perplexité. Un nouveau gouvernement, sous la présidence de M. Caillaux, jusqu'alors ministre des Finances, avec M. de Selves, un débutant, aux Affaires étrangères, était arrivé au pouvoir. On lui attribuait le désir de vivre en meilleure intelligence avec l'Allemagne. Si ces bonnes intentions avaient été connues, on aurait peut-être pu envisager une période d'attente, mais le changement de gouvernement s'était fait avec une rapidité surprenante, ce qui n'est pas rare en France. C'est à ce pays que peut s'appliquer l'expression : *le ministère peut tomber sur une peau d'orange.* La flèche était partie et tout reposait sur le point de savoir si le gouvernement français entrerait dans la voie des compensations. Cela ne serait pas facile, l'opinion publique était très excitée, et considérait notre procédé comme la carte forcée, un chantage. D'autre part, le ministre des Affaires étrangères était sur le point d'accompagner le président Fallières dans un voyage de plusieurs jours à la cour des Pays-Bas. Avant son départ, je pus obtenir de lui, sinon une réponse définitive, du moins un « *je ne dis pas non* ». Le président du Conseil, M. Caillaux, prit alors l'intérim du ministère des Affaires étrangères. D'après son opinion personnelle, il restait un espoir que le gouvernement ne se refuserait pas à une explication. M. Caillaux hésitait encore. Il demanda conseil à *l'ami anglais*... La réponse dut être : qu'il faudrait paralyser l'action allemande par une contre-démonstration qui forcerait *l'intrus* à se retirer. Ce procédé lui parut trop périlleux. Il préfé-

rait attendre, afin de voir clairement si notre
démonstration se ferait simplement devant Agadir, ou si nous débarquerions des
troupes armées et prendrions pied sur la
terre ferme. Cette attente n'était pas dans
le goût du gouvernement anglais, qui nous
avait prêté l'intention de nous installer sur
la côte méditerranéenne du Maroc et dont
le but était de pousser l'ami français indécis.
Le discours de M. Lloyd George, qui essayait de nous effrayer par des phrases
menaçantes, le prouva. La façon dont cette
arrogance fut accueillie en Allemagne provoqua du désenchantement en France.
Lorsque le ministre des Affaires étrangères
revint à Paris, je le trouvai dans de telles
dispositions qu'il semblait accepter une explication. M. de Selves proposa de conduire
les négociations à Paris. Je refusai en allé-
guant que ce choix ne répondait pas à la
réalité de la situation. A mon avis, il fallait
que l'on reconnût au dehors que ce n'était
pas nous, mais la France qui devait prendre
les devants. Berlin semblait donc la ville
indiquée. J'ajoutai, qu'autant que je le savais

et le supposais, on verrait avec plaisir,
à Berlin, la France offrir, comme compensation pour les dommages causés, une partie de
ses vastes colonies en Afrique, une portion
de territoire au Congo. M. Jules Cambon, à
ce moment à Paris, reçut l'ordre de retourner
à son ambassade à Berlin et d'amorcer les
négociations. Bien que ce conflit fût d'un
faible intérêt pour la Russie, le gouvernement français demanda conseil à son alliée.
M. Iswolski, alors ambassadeur à Paris,
s'efforçait inlassablement d'exciter la sensibilité française. *Il n'est pas admissible,
disait-il, d'entrer en négociation avec un
adversaire qui, d'ores et déjà, place un revolver
chargé sur la table.*

L'Espagne était plus intéressée à l'affaire. Elle voulait garder intactes ses possessions dans le Maroc du nord. A grand'-
peine, elle entretenait avec la France des
relations déterminées par un accord, et
elle ne souhaitait pas qu'une autre puissance prît pied au sud en face des îles Ca-
naries. Je voyais que l'ambassadeur espagnol, M. Perez Caballero, qui, à Algésiras,

avait nettement pris position contre nous,
se rapprochait de l'Allemagne dans l'intention de participer aux négociations à nos
côtés. Cette idée, que je soumis, en l'appuyant,
à la Direction de Berlin, ne fut pas prise
en considération. La suite des événements
le fit regretter. Il était tout indiqué que si
l'Espagne était amenée à discuter et négocier
seule avec la France, ce ne serait pas à notre
avantage. Notre refus lui fut d'autant plus
sensible qu'elle avait le désir de se joindre
à la Triplice, désir depuis longtemps exprimé à Vienne, où il avait été fraîchement
accueilli.

Des difficultés matérielles firent traîner
les négociations en longueur. La France était
décidée à abandonner en notre faveur une
partie assez importante de son territoire au
Congo, mais il était difficile de trouver une
frontière naturelle qui contentât les aspirations et les besoins de chacun. M. Caillaux
cherchait à détourner nos prétentions du
Congo, en nous offrant des compensations
par ailleurs. Les pourparlers marquèrent un
temps d'arrêt. Pendant ce temps, le secré-

taire d'État, M. de Kiderlen, obligé de prendre du repos, en profita pour excursionner à Chamonix, en territoire français. Ce voyage fut considéré à Paris comme un manque de tact blessant, étant donnée la situation. Je m'efforçai de le faire envisager seulement comme une méprise involontaire, susceptible d'influencer défavorablement les négociations futures. Ces démarches me donnèrent l'occasion d'obtenir une adhésion de principe à une solution qui nous assurait un large accès au bassin du Congo, et non pas seulement les deux pointes vers l'Oubanghi, d'ailleurs accordées plus tard. Ce projet sombra dans les discussions ultérieures.

Plus le règlement de la question tardait, plus des influences agissaient, à Paris, sur le gouvernement, animé au début de bonne volonté. J'attirai à plusieurs reprises l'attention de Berlin sur ce point et priai de presser les négociations dans la crainte que le ministère Caillaux, toujours de plus en plus en butte à l'opposition, ne fût renversé. Si cette supposition ne s'est pas réalisée avant la conclusion du traité, c'est que les partis adverses craignaient de prendre la responsabilité de faire échouer des arrangements qui, en tout cas, assuraient à la France l'avantage d'avoir les mains libres au Maroc. Les adversaires de M. Caillaux, et à leur tête le *tombeur de ministères*, Clemenceau, ne lui pardonnèrent jamais, non seulement d'avoir cédé à notre pression, mais encore d'avoir profité de la circonstance pour essayer d'obtenir une détente générale, en nous proposant d'autres accords plus étendus, et cela, en dehors de la présence du ministre responsable. Le ministère Caillaux fut renversé après la conclusion du traité, à la suite d'une discussion au Sénat sur des questions secondaires. Quant à l'accord, il fut approuvé.

Le *grand ministère*, formé avec les éléments les plus autorisés sous la présidence du sénateur Raymond Poincaré, qui prit le portefeuille des Affaires étrangères, succéda au gouvernement Caillaux. Le changement de cabinet constituait déjà, à lui seul, la faillite de la politique conciliante de Caillaux. On le reconnut facilement à la déclaration et au programme ministériels. Ces documents insistaient, avec une vigueur toute particulière, sur les points suivants : dignité, force, conscience de soi-même, observation vigilante de l'alliance russe et de l'amitié anglaise, deux choses que M. Caillaux avait eu tendance à négliger. Ainsi commençait un gouvernement nationaliste, dont le programme laissait entendre que la France ne supporterait pas un second Agadir.

L'accord conclu le 4 novembre 1911 pour le Maroc et le Congo ne contenta ni l'Allemagne ni la France. Si, chez nous, il a provoqué de la désillusion sur nos gains territoriaux en Afrique, au double point de vue de leur exiguïté et de leur valeur, en France, il y eut de la mauvaise humeur provenant de la dignité froissée. On ne pouvait se faire à l'idée de céder des terrains coloniaux, acquis grâce à l'initiative et à l'esprit d'entreprise français, et cela sous une pression qui n'avait rien de glorieux. De plus, le dédommagement concédant la liberté politique au Maroc, du moment que la porte ouverte remplaçait l'exclusivité des droits économiques, ne satisfaisait pas l'ambition française, qui considérait ce pays comme uniquement réservé à son activité. Beaucoup reconnaissaient en silence que le traité évitait des froissements violents, mais ouvertement personne n'en parlait. L'amélioration des relations restait une vision lointaine. Le nouvel accord, contrairement à ceux de 1909, laissait subsister un état d'énervement, qui suscita de nombreuses difficultés en cours d'exécution, d'autant plus que s'affirmaient, en la personne du ministre des Affaires étrangères, un sentiment de dignité très fort et une opiniâtreté intraitable. On essaya toujours, du côté français, de donner aux clauses du traité le sens qui nous était défavorable, de passer outre aux réclamations fondées sur les arrangements antérieurs. Même, lorsque, après une mise en demeure énergique, nous obtenions satisfaction à Paris, nous nous heurtions à la mauvaise volonté des représentants français au Maroc, d'autant plus arbitraires qu'ils étaient plus subalternes.

Une conséquence de la marche sur Fez

des Français, fut l'action italienne sur Tripoli. Si des causes de politique intérieure ont décidé les hommes d'État italiens à diriger leurs vues sur un empire colonial de l'autre côté de la mer Méditerranée, à poursuivre cette idée qui n'était pas nouvelle, réclamer la part de souveraineté de l'Italie sur la mer Méditerranée, sans aucun doute, ces projets arrivèrent à maturité grâce à l'exemple suggestif de l'entreprise française, qui ne se bornait pas au Maroc, mais visait les régions lointaines des États du littoral nord-africain. M. Tittoni, ambassadeur italien à Paris, autrefois ministre des Affaires étrangères, homme de grand poids dans son pays, comprit que le moment était venu de s'emparer du dernier lambeau des possessions turques dans l'Afrique du nord, si l'on ne voulait pas être devancé par l'impérialisme français et perdre un avenir riche d'espoir. On remarquait d'une façon évidente des visées françaises en Tripolitaine, et il ne manquait pas de voix en France pour proclamer que toute l'Afrique du Nord, de l'Océan au Nil, devait être abritée sous le drapeau tricolore. Depuis longtemps, l'Italie s'était assurée, non sans peine, de l'assentiment des puissances. Notre position fâcheuse, entre notre alliée l'Italie et notre amie la Turquie, ne l'arrêtait pas. La seule pensée qui pouvait tempérer nos craintes et celles de l'Autriche-Hongrie, était que le renforcement de sa maîtrise dans la Méditerranée donnait en même temps plus de poids à ses alliées. L'entreprise ne se fit pas aussi facilement qu'on l'avait prévu. Les forces italiennes, bien qu'importantes, se heurtèrent à une forte résistance et ne purent que conquérir les territoires du littoral. Survinrent des désagréments avec l'Angleterre, qui s'appropria le fort de Solum, des froissements avec la France contre lesquels tous les beaux rappels de la *fraternité latine* ne purent réagir. L'Italie se plaignait de la contrebande d'armes à travers la Tunisie, deux vapeurs français pris sur le fait furent saisis. On en vint à des échanges de notes, des conversations, des polémiques de presse, des interpellations à la tribune parlementaire qui mirent l'amitié franco-italienne à une rude épreuve. La France alla jusqu'à rassembler sa flotte entière dans la Méditerranée, face à l'Italie. Pendant ce temps, l'Autriche-Hongrie protestait contre l'idée de son alliée, d'attaquer les possessions européennes de la Turquie. L'Italie échouait dans une tentative de forcer les Dardanelles, entreprenait l'occupation des douze îles de l'Archipel, le Dodécanèse, interceptant ainsi les relations de la Turquie avec la Tripolitaine. La résistance ottomane était brisée. La paix de Lausanne, par laquelle la Turquie reconnaissait la souveraineté italienne sur la Libye, mit fin à cette entreprise armée. Nous n'eûmes pas l'occasion de nous entretenir de cette affaire avec le gouvernement français. Mon rôle à Paris fut celui d'observateur.

Les orages du Maroc et de la Tripolitaine n'étaient pas encore calmés, que d'un coin éloigné d'Europe, toujours en ébullition, un nouveau nuage s'éleva, la guerre balkanique, et, s'y rattachant, la question albanaise.

Si la cause première des complications provenait, à l'origine, des divergences entre les nationalités et de l'incapacité turque, accrue encore plutôt que réduite par les réformes qu'avaient imposées les puissances sous l'impulsion de la Russie, et maladroitement appliquées par le parti jeune-turc, il semble, cependant, qu'elles furent la conséquence directe de l'atteinte portée à l'empire turc par l'entreprise italienne, du coup dirigé par la France contre le monde musulman dans le nord-ouest de l'Afrique. Les nationalités des Balkans crurent le moment venu de démembrer la Turquie d'Europe et de partager le butin. Elles formèrent, sous la direction complaisante de la Russie, l'alliance balkanique pour jeter à terre la souveraineté de Constantinople et organisèrent la guerre. Le cercle s'élargit du fait que les grandes puissances, sincères ou non, posaient comme principe fondamental le maintien de l'intégrité territoriale de la Turquie, puis du fait de la rivalité de l'Autriche-Hongrie et de la Russie, qui toutes deux s'efforçaient d'acquérir la suprématie dans les Balkans. La France, par son alliée russe et son amie l'Angleterre, n'était pas indifférente. Quant à nous, nous étions indirectement intéressés par notre alliée, l'Autriche-Hongrie. Il s'établit ainsi un certain équilibre qui pouvait offrir quelque utilité.

M. Poincaré ne se déroba pas à l'étude de cette situation, et, sur notre initiative, se montra prêt à jouer un rôle modérateur entre les puissances engagées, sur lesquelles chacun en particulier pouvait agir de son côté. A notre grande et vive satisfaction, nous pûmes unir nos efforts à ceux de la France pour éviter des froissements graves entre les nations. Lors d'un voyage du ministre à Saint-Pétersbourg, il avait été décidé d'augmenter les préparatifs militaires et d'accélérer la construction des lignes de chemin de fer stratégiques, orientées contre l'Allemagne avec l'argent français. La France s'était engagée à rétablir le service militaire de trois ans et avait promis son aide à la politique russe, dirigée contre Constantinople, mais visant avant tout la suprématie de l'Autriche-Hongrie. Avant la visite du

ministre, un accord avait prévu un déplacement de la flotte française dans la Méditerranée, déplacement qui favorisait la Russie.
Pour toutes ces raisons, une coopération
active à la détente parut d'autant plus
précieuse qu'elle aurait plus de succès et de
durée.

Ce ne fut malheureusement pas le cas.
Durant le cours de la crise, la politique
française pencha de plus en plus du côté
de son alliée. Des signes extérieurs l'indi-
quaient, les rapports publiés par M. Iswolski
l'ont confirmé. L'orage menaçait d'éclater.
Le président du Conseil déclara que la Russie
pouvait être sûre de l'appui diplomatique
le plus énergique de la part de la France.
Dans l'hypothèse d'un conflit avec l'Autriche-
Hongrie, et par suite avec l'Allemagne,
elle pouvait compter aussi sur un appui militaire. Quelques semaines plus tard, parut
la déclaration suivante : si la Russie était
obligée de prendre l'initiative de la rupture et
d'entrer en guerre, la France la suivrait,
car il n'était pas douteux qu'en cas de conflit, l'Allemagne serait aux côtés de l'Au-

triche-Hongrie... Les prévisions pour une guerre générale étaient, de l'avis des personnes compétentes, favorables à la Russie et à la France. Le ministre soumit aussi les mêmes réflexions à l'ambassadeur italien. La réserve que l'aide ne devait se donner qu'en cas d'attaque non provoquée par la Russie ne fut pas agitée. Les déclarations apparaissaient ainsi sous le jour d'un pouvoir absolu donné à la Russie, sinon d'un encouragement à la guerre.

M. Poincaré s'employait aussi à obtenir, du côté anglais, un arrangement militaire. Il y eut un échange de lettres entre sir Edward Grey et l'ambassadeur français Paul Cambon, au sujet d'une convention militaire en cas de conflit. Ce n'était pas une alliance, comme la France et la Russie l'auraient désiré, — les principes fondamentaux de la politique anglaise s'y opposaient, — mais on pouvait en tout temps apposer le sceau d'un traité aux arrangements pris. Le gouvernement français ne s'est pas contenté de ces démarches diplomatiques. Au moment où la Russie était soi-disant occupée à des essais de mobilisation dans ses provinces de l'ouest, la France crut opportun d'élever énergiquement la voix au conseil des nations, d'entreprendre des préparatifs militaires, en silence, il est vrai, mais pas d'une façon assez cachée pour échapper aux regards attentifs. L'état-major français, de concert avec la direction de la marine, élaborait fiévreusement de vastes plans, qui semblaient, selon les paroles d'Iswolski, *considérer une guerre européenne comme opportune.* Si, malgré cette tension aiguë, on put finalement, mais avec difficulté, fermer la boîte de Pandore, à la conférence des ambassadeurs à Londres, ce ne fut certainement pas grâce à la politique française. Elle avait agi de façon à effrayer la Russie et à engager l'ambassadeur russe à Londres, le comte Benkendorf, à écrire à son gouvernement que la France était la seule puissance qui ne disait pas ouvertement qu'elle souhaitait la guerre, mais qui la verrait cependant éclater sans regret. La France, quoi qu'il en soit, n'a pas travaillé à établir un compromis; le compromis était la paix, tout ce qui ne s'y rapportait pas signifiait la guerre. En fait, la conférence des ambassadeurs, grâce à l'activité anglaise et allemande, réussit à maintenir la paix, mais une paix fragile, plutôt un état de guerre latent. Deux groupes de puissances, la Triplice et la Triple Entente, étaient face à face dans une atmosphère de défiance et de tension.

En examinant ces événements, qui ne s'éclairèrent que plus tard, mais dont les conséquences furent immédiates, l'élection du président du Conseil Poincaré comme successeur de M. Fallières à la présidence de la République, se révèle comme ayant peu contribué à l'apaisement. Le vote ne se fit pas sans peine, des luttes violentes se livraient dans la coulisse, entre les radicaux et les socialistes, partisans d'une politique extérieure pacifique, et les républicains de droite, les conservateurs, partisans d'une attitude énergique. C'est seulement au deuxième scrutin que le vote se dessina en faveur de M. Poincaré, par 429 voix contre 327. Son succès final fut dû aux nationalistes de droite. Il sut les gagner en leur promettant l'ajour-

nement des réformes sociales et le rétablissement des relations diplomatiques avec
le Vatican, c'est-à-dire une atténuation de
la politique antireligieuse.

Un peu moins d'un an auparavant, la
majorité de la nation avait bien accueilli
le ministère Poincaré. L'amour-propre français y avait trouvé une revanche contre
l'humiliation d'Agadir. L'opinion générale,
depuis qu'on avait pu juger la politique du
gouvernement, lui avait accordé sa confiance. Le ministère avait cherché à affermir
la situation de la France, resserrant les
alliances et les amitiés d'une façon qui ga-
rantissait le maintien de la paix. On l'avait
aussi soutenu parce qu'il s'opposait au désir
actif d'extension allemande, à l'infiltration
toujours nuisible de l'esprit d'entreprise
et de l'activité allemandes. Pourtant, il se
trouvait des gens clairvoyants, à qui la
nouvelle direction donnait à réfléchir. Dans
les milieux mieux informés, qui cherchaient
à prévoir l'avenir d'autre façon que la foule,
l'élection du président fit naître des inquiétudes, qui se résumaient en ces quelques

mots chuchotés : *Lui président, ce sera la guerre!* Maintenant qu'il était élu, on voulait penser que la politique du nouveau président de la République, tempérée par la neutralité forcée de sa haute fonction, serait plus paisible que celle de l'ex-président du Conseil. Or, les premières paroles qu'il adressa à la Chambre et au Sénat eurent le même sens que ses déclarations précédentes. « La France, disait-il dans son message, doit être, dans l'intérêt de la civilisation et de la paix, grande et forte. Ce qui avant tout est nécessaire, c'est l'énergie. » Lui-même donna l'exemple de cette énergie. Il rompit avec la tradition qui imposait au président une grande réserve, il fit de nombreuses visites, accepta une foule d'invitations, ne laissa passer aucune occasion de se montrer aux Parisiens, qui le fêtèrent et l'acclamèrent. Sa conduite ressembla plus à celle d'un monarque qu'à la vie paisible d'un président de république, et exerça sur la population l'influence escomptée. Il gagna vite ce qu'il désirait : la popularité. Ses partisans augmentèrent de jour en jour, ils virent en lui

le dirigeant qui saurait maintenir et défendre
la dignité de la France, l'homme d'État
qui lui donnerait une situation forte et enviée,
qui regagnerait ce qui avait été perdu.
Ses déclarations publiques étaient prudentes.
Elles accentuaient avec force le mot *paix*,
mais avec une addition pleine de sous-en-
tendus, *paix honorable et digne*. Ce Lorrain
se voyait avec joie fêté, honoré, comme le
futur réalisateur d'espoirs, souvent silen-
cieux, mais non éteints.

M. Poincaré, peu après son élection à la
présidence, me fit une visite. Il me dit qu'il
était un homme de paix, et que c'était à
ce sentiment qu'il devait son élection et le
bon accueil qu'on lui avait réservé. Il me
parla aussi des armements entrepris des
deux côtés, en regrettant que les puissances
continentales se crussent obligées à des efforts
inouïs dans ce sens. Il était loin de croire que
nos nouvelles et importantes propositions
d'armement constituassent une menace dirigée contre la France, il espérait en retour
une appréciation identique de celles qui
s'étaient produites dans son pays. Il en arriva

à parler de la nomination de M. Delcassé comme ambassadeur à Saint-Pétersbourg. L'Allemagne ne devait voir dans cette nomination aucune manœuvre inamicale. Il avait d'abord songé, pour ce poste, à l'ancien président du Conseil Ribot, mais ce dernier n'avait pu se décider à l'accepter. Comme cette fonction réclamait un homme d'importance, il avait fixé son choix sur M. Delcassé, qui venait de quitter le ministère de la Marine. Enfin le président insista à nouveau sur l'esprit pacifique de la nation française, ajoutant, cependant, qu'elle ne supporterait pas patiemment un second Agadir. Cette dernière remarque était significative. Elle ne caractérisait pas seulement l'esprit prédominant des Français, mais la base fondamentale de la politique suivie par l'ancien président du Conseil et qui devait être celle du président de la République.

Son premier acte politique fut la formation d'un nouveau cabinet, qui suivrait sa direction et dont l'acte le plus important devait être le rétablissement du service militaire de trois ans, aboli quelques années auparavant. La poursuite de ce but exigeait des hommes d'État énergiques et d'une activité considérable. Le président les trouva dans M. Barthou pour la présidence du Conseil et dans M. Millerand pour le ministère de la Guerre. Le ministère des Affaires étrangères fut confié à un débutant, M. Jonnart, ancien gouverneur général de l'Algérie, homme d'un caractère paisible et obligeant, dont le rôle devait être de rassurer l'étranger, dans les discussions qui se produiraient à propos du service triennal. En même temps, on rappela de Saint-Pétersbourg l'ambassadeur Louis, qui ne pouvait se faire à la politique russe. Il fut remplacé par M. Delcassé, adversaire connu de l'Allemagne, mais qui avait dissimulé et, à l'occasion, nié cette hostilité. Officiellement, cette nomination était un témoignage d'estime donné à un homme très décrié. Entre les lignes de la presse nationaliste, on pouvait lire que sa mission serait surtout de renforcer l'alliance avec la Russie, de pousser le gouvernement russe à une préparation militaire toujours plus active, et principalement à l'adoption

de mesures destinées à hâter la mobilisation et la marche vers l'ouest. Il a accompli
cette tâche pendant son court séjour à
Saint-Pétersbourg, jusqu'à ce que l'œuvre
qui restait à effectuer pût être confiée à
l'autorité militaire. Comme preuve de son
activité, on peut citer ces mots extraits d'un
article du ministre de la Guerre russe, paru
dans le *Journal de la Bourse* : L'ARMÉE RUSSE
EST FORTE ET SURE DE VAINCRE. LA RUSSIE
EST COMPLÈTEMENT PRÊTE.

Un autre acte important du président fut
sa visite à la cour anglaise, caractéristique
de la direction dans laquelle il voulait exercer
ses efforts pour obtenir des appuis. Dans
les cercles informés, on racontait qu'il s'agissait avant tout d'obtenir que cette visite
serait rendue à Paris par la venue des souverains britanniques. Elle serait d'une grande
influence sur l'opinion publique des deux
nations, et montrerait au monde entier
combien la France était estimée et forte.
M. Poincaré mettait moins d'empressement
à se rendre chez l'alliée russe, un effort
personnel n'étant pas nécessaire pour res-

serrer l'alliance. Le voyage de Russie eut
lieu seulement un an après celui d'Angleterre, peu avant la guerre mondiale.

La lourde et accablante atmosphère, créée
par les fiévreux armements qu'entraîna la
guerre des Balkans, n'améliorait pas la
nature des relations entre l'Allemagne et
la France. Dans ce dernier pays, la pression
russe aidant, la nation, chargée du poids
écrasant d'efforts militaires anormaux, accepta le pesant fardeau du service militaire
de trois ans, qui abolissait les anciennes
exemptions et les ajournements. Mais elle
nous accusa avec haine et colère d'avoir
donné nous-mêmes le signal de cette exa-
gération dangereuse et sans limite de
puissance militaire. Pourtant, un œil attentif pouvait juger que le renforcement
de nos moyens militaires avait été rendu
inévitable par les événements des Balkans
et n'était en aucune façon dirigé contre la
France. Il ne dénotait pas une augmentation de la volonté de domination de notre
peuple, mais plutôt une meilleure utilisation de ses ressources. Les milieux informés

savaient que la proposition d'augmentation de force militaire en France avait précédé la nôtre. On discuta si passionnément et l'on déforma si bien nos intentions qu'on la considéra comme une mesure agressive pour contraindre un pays moins peuplé, et par suite moins garanti, à réaliser un effort désespéré. Par avance, on pouvait deviner que ces propositions d'armement rencontreraient une forte opposition. On ne pourrait les faire triompher qu'en influençant l'opinion publique. On usa de ce moyen dans la mesure la plus large et avec une énergie qui prouva que le gouvernement français était passé maître dans cette tactique.

Après le président, plusieurs autres ministres m'assurèrent qu'ils comprenaient notre effort militaire, mais il ne fut rien fait dans la presse ou au Parlement pour essayer d'aplanir les voies, encore moins pour ralentir les projets d'armement. Le gouvernement n'ignorait pas le sérieux de l'entreprise et son danger. Elle demandait de tels sacrifices personnels et financiers que la nation, tôt ou tard, devait chercher à s'en délivrer

par un bouleversement intérieur. On en arriverait à cette décision désespérée : plutôt
une calamité passagère qu'une insécurité
sans fin. Mais il était impossible de revenir
en arrière. Le mot du président : *la France
doit être forte*, se réalisait pleinement. MM. Barthou et Millerand étaient des hommes qui
ne reculeraient à aucun prix.

Faire dévier les passions excitées contre
nous apparaissait chimérique, le vent hostile
à l'Allemagne, qui gonflait chaque jour un
peu plus les voiles du vaisseau de l'État
français, redoublait de violence. L'atmosphère se chargeait d'électricité patriotique,
le cri d'Alsace-Lorraine retentissait à nouveau, les exhibitions militaires, dans les
rues, sur la scène, étaient acclamées, on se
moquait des Allemands. On était revenu au
temps du boulangisme. Une littérature scan-
daleuse prêchait la haine contre l'Allemagne.
Des incidents pénibles, comme les violences
exercées contre d'inoffensifs excursionnistes
à Nancy, de grossières démonstrations contre
des aéronautes atterrissant involontairement
près de Lunéville, etc., excitaient aussi l'opi-

nion publique outre-Vosges. Les Français s'émouvaient des campagnes de presse vives et répétées dirigées chez nous contre la Légion étrangère, persuadés que le gouvernement allemand les voyait d'un bon œil, s'il ne les inspirait pas. Il y eut peut-être des exagérations de notre côté; cependant la façon dont certains recruteurs civils de ce corps, sans conscience, tournaient la loi et profitaient d'une façon révoltante de l'inexpérience de la jeunesse, méritait le blâme le plus énergique et des sanctions. L'opinion publique devait être mise en état de juger ces méthodes détestables. Traiter cette question officiellement était impossible, le gouvernement la regardant comme une affaire intérieure, en dehors des réclamations légitimes de l'étranger.

En sous-main, après de prudentes négociations, il nous fut possible de remédier aux inconvénients les plus graves, d'annuler les engagements irréguliers de nombreux jeunes étourdis allemands et ainsi d'arrondir les angles les plus aigus. Les incidents de Nancy et Lunéville eurent une solution satisfaisante.

Une conséquence inattendue et peu réjouissante des attaques de notre presse contre
la Légion étrangère fut la recrudescence
d'engagements de jeunes Allemands, dont
le désir d'aventures, loin d'en être amoindri,
était, au contraire, excité par les lectures
de nombreux récits et descriptions. Constatation attristante qui aurait dû donner à
réfléchir aux patriotes trop ardents qui faisaient, par-dessus la tête de leur propre gouvernement, une politique agressive, inspirée
par la bonne foi peut-être, mais sans aucune
utilité. L'expérience de l'affaire de la Légion
étrangère n'est pas la seule qui nous ait
attiré des désagréments, par suite de l'emploi d'expédients inefficaces. Il aurait été
plus prudent de laisser aux représentants
des Affaires étrangères l'initiative de régler,
par des moyens appropriés au but, ces contestations délicates.

C'est vers cette époque que, causant avec
M. Barthou d'une façon non officielle, je lui
exposai cette idée personnelle qu'il était
regrettable de voir que nous nous dépensions
les uns et les autres et que nous nous épui-

sions en des conflits sans fin. J'ajoutai qu'il serait plus profitable de chercher une direction qui nous permettrait de vivre paisiblement les uns à côté des autres et, avant tout, de calmer les esprits excités. Avec de la bonne volonté réciproque, — et chez nous elle existait, — il me semblait qu'on pourrait atteindre le but. « *Rendez-nous l'Alsace-Lorraine, alors nous serons les meilleurs amis de la terre,* » me répondit M. Barthou avec un sang-froid étonnant. J'abandonnai de suite le sujet; j'appris ainsi une fois de plus ce qu'il fallait penser des désirs souvent formulés par les dirigeants français d'établir des relations franco-allemandes plus pacifiques.

En février 1914, dans cette atmosphère peu amicale, j'invitai le président Poincaré à une fête à l'ambassade. C'était la première fois, depuis la troisième République, que le président était l'hôte d'un ambassadeur allemand, événement historique. Beaucoup croyaient y voir un signe d'amélioration dans les relations des deux pays. Pour moi, il me semblait qu'il s'agissait simplement d'un acte de politesse qui s'élevait au-dessus des difficultés politiques, et je n'étais pas de l'opinion des gens disposés à conclure de là à une manifestation de haute politique. Le président Poincaré s'était dépouillé de la réserve de ses prédécesseurs. Il s'était décidé en principe à accepter toutes les invitations, et surtout celles des ambassadeurs étrangers. Il ne pouvait se dérober à la mienne, comme de mon côté je n'aurais pu refuser de lui rendre la pareille. D'ailleurs, l'empereur, à Berlin, avait aussi rompu la glace en acceptant de se rendre à l'ambassade française après la conclusion du traité pour le Maroc et le Congo.

L'apogée de M. Poincaré fut au printemps de 1914, lors de la visite du couple royal anglais à Paris, démonstration éclatante et évidente pour le monde entier de l'entente étroite entre les deux États. Même les demi-initiés devaient comprendre qu'il s'agissait d'un événement important. Une raison majeure avait pu seule décider le secrétaire d'État des Affaires étrangères, sir Edward Grey, à déroger à ses habitudes, en accompa-

gnant le roi et la reine à Paris. Tout se
déroula selon la règle. Les toasts officiels
se bornèrent à affirmer l'amitié et les vœux
pacifiques des deux nations. Il découlait
de tout cela que cette visite n'était pas le
prélude de nouveaux accords, mais la confirmation de ceux qui existaient déjà entre
les gouvernements. Aucune des deux parties
ne parut disposée à donner au monde des
éclaircissements sur les arrangements pris.
Il leur suffisait de se montrer à tous, étroitement unies et la main dans la main. Toutefois, l'initiative russe sut utiliser la présence
du ministre des Affaires étrangères anglais,
pour attirer *l'ami* encore plus étroitement
dans le cercle de la Triple Entente. M. Iswolski,
sans aucun doute, en accord, sinon sur l'ordre
de son gouvernement, fit exposer, par l'intermédiaire du ministre français des Affaires
étrangères Doumergue, le projet d'une convention anglo-russe concernant la flotte de
la mer Baltique et l'appui à lui donner pour
des entreprises armées. Sir Grey accepta
sans hésiter l'accord et ainsi fut forgée une
maille de plus à la chaîne qui devait empri-

sonner l'Allemagne. La convention définitive ne fut pas conclue avant le commencement de la guerre mondiale, mais cela n'influa en rien sur les résultats, le ministre britannique ayant donné son adhésion entière au principe.

Peu après la visite anglaise eut lieu celle du couple royal danois, politiquement sans importance, sauf l'utilité de montrer à la population française que le cercle des amitiés de la République allait s'élargissant.

Était à retenir, pour la même raison, la venue du roi de Serbie à Paris. Grand partisan de la France en raison des événements passés et peut-être de ceux à venir, son désir de considération amicale ne pouvait passer inaperçu.

Le service militaire de trois ans, après de vifs débats parlementaires, fut rétabli en principe. L'excitation diminua légèrement. L'orientation de la politique française restait douteuse. Le président, et son entourage nationaliste, soutenus par les alliances et les conventions diplomatiques, représentaient-ils le véritable peuple français, partisan de

la tranquillité et de la paix sans trop de
sacrifices et d'obligations? Leur politique
semblait plutôt conduire à une aggravation
des divergences entre les puissances européennes et amener la France à une situation
de dépendance donnant profondément à
réfléchir, en raison des goûts d'aventures
panslavistes, toujours plus actifs en Russie.
Il eût été raisonnable de diriger la politique
française vers la détente, afin que la population fût au plus vite délivrée du fardeau
écrasant de la loi de trois ans. Le président
était-il décidé à s'engager dans cette voie,
à réagir en quelque sorte contre le mouvement de réaction qui se manifestait par la
création d'un ministère, avec en tête,
M. Doumergue, homme avisé, comptant des
amis parmi ses adversaires politiques? Il
dut encore aller plus loin, car les nouvelles
élections du printemps de 1914 renforcèrent
la gauche radicale socialiste, adversaire de
la loi de trois ans et de la politique nationaliste. Après un essai mort-né, avec le vieux
Ribot, qui inclinait plutôt vers la droite, il
s'adressa au bourgeois socialiste Viviani,

qui déclara maintenir la loi votée, mais
laissa entrevoir la possibilité d'une revision
prochaine.

Le développement des affaires politiques
en France semblait plus calme et son influence à l'extérieur plus rassurante. Une observation attentive pouvait remarquer que
quelques politiciens dirigeants se rappro-
chaient de cette pensée : écarter les dangers
résultant des armements universels, sinon
par des avances à l'Allemagne, du moins
en préparant une entente sur des questions
ne touchant pas au terrain brûlant, et en
affichant, dans la presse et les démonstrations de l'opinion publique, un ton moins
hostile. Ces dispositions meilleures étaient
facilitées et favorisées par nos nouvelles
négociations sur la limitation des zones d'influence dans l'Asie Mineure, en Syrie, et
par l'établissement de voies ferrées en Turquie d'Asie. Ces accords furent encore affer-
mis par nos conversations avec le gouvernement britannique. Il fut d'une prévenance
qui laissait supposer, non seulement une
velléité d'entente sur ces sujets particuliers,

mais encore le désir d'amélioration notable des relations. On eût dit que les scrupules évoqués par les conventions établies en cas de guerre au nom de la Triple Entente avaient arrêté les dirigeants anglais et que, par une commune inspiration, ils s'employaient à une détente bienfaisante.

M'autorisant de cette situation meilleure, je fis aussi, de mon côté, un pas en avant, après avoir demandé l'assentiment du chancelier et de l'empereur, et pressenti le président Poincaré. Ce fut d'inviter l'ex-président du conseil Briand pour la semaine de Kiel. Le prince Albert de Monaco, en lui offrant amicalement place sur son yacht, me facilitait ma démarche. Il ne s'agissait d'aucun plan politique, mais seulement d'un rapprochement occasionnel qui, en raison de la personnalité de Briand, pouvait produire une impression utile et agréable. M. Briand paraissait décidé à accepter, mais, quelques jours plus tard, refusa sous prétexte qu'il était retenu par des questions de politique intérieure. Je sus que le projet avait échoué du fait de l'ambassadeur français à Saint-Pétersbourg, ami personnel du président Poincaré, qui se trouvait alors par hasard à Paris ; il avait fait allusion au danger de céder à l'amabilité charmeuse de l'empereur Guillaume.

Malgré les dispositions meilleures des puissances de l'Ouest, la situation générale perdait peu de sa gravité. La paix, à la suite de la guerre des Balkans et de la conférence de Londres, se maintenait faiblement et, étant donnée l'activité des armements qu'on poussait de tous côtés, il était à prévoir qu'à la première occasion tout s'enflammerait et exploserait violemment. C'est ce qui arriva par l'assassinat de Serajevo et la demande en réparation de l'Autriche-Hongrie à la Serbie.

Le meurtre de Serajevo fit peu d'impression sur la nation française. Le sentiment monarchique, fortement blessé ailleurs, n'existait pas chez elle. Les événements s'étaient passés si loin qu'on les ignorait presque. De plus, l'attention était fixée sur le procès sensationnel de Mme Caillaux. Elle avait tué le rédacteur en chef du *Figaro*, M. Calmette, un des chauds partisans du président Poincaré et, par là même, adversaire de Caillaux. La chute de ce dernier n'avait pas arrêté Calmette. Pour rendre Caillaux à jamais incapable de nuire, il avait employé des moyens si violents et si blâmables que Mme Caillaux avait usé du revolver pour le réduire au silence. Le procès vint au grand jour et avec lui, sans ménagement aucun, la vie politique et privée de l'ancien ministre. L'opinion de beaucoup de spectateurs fut qu'il s'agissait d'un combat sans merci entre le parti Caillaux et le parti Poincaré. Le dénouement était attendu dans le monde entier avec fièvre. Mme Caillaux fut acquittée.

Dans le même temps, je remarquai, comme caractéristique de l'opinion parisienne, l'attitude de la foule à la revue des troupes, le 14 juillet, jour de la fête nationale. Cette cérémonie avait toujours été considérée comme le meilleur moyen d'entretenir l'esprit militaire de la nation et de mesurer le sentiment patriotique. Cette année, pour la première fois, défilaient des troupes colo-

niales et particulièrement un bataillon de
nègres sénégalais, soigneusement choisis
parmi les plus beaux hommes. Le but
cherché était de montrer à la foule la puissance et la force de l'armée française. Il
fut atteint. Tout Paris courut à la revue,
prodigua ses applaudissements et se livra
sans souci aux réjouissances de la fête nationale, avec le sentiment rassurant que l'armée française était redoutable. Personne ne
pensait qu'à l'est de l'Europe mûrissaient des
événements qui allaient mettre à l'épreuve
les forces réelles de chacun. On connaissait
superficiellement l'incertitude de la situation,
on se reposait sur l'alliance et l'amitié, on
remarquait le zèle avec lequel les dirigeants,
et surtout le président, les cultivaient, on
avait confiance dans le caractère défensif des
conventions établies, on applaudissait aux
brillantes exhibitions des visites des chefs
d'États amis, mais on ignorait combien était
serré et menaçant le filet enveloppant des
obligations et accords militaires et maritimes,
et combien de préparatifs d'armements
étaient faits silencieusement. On était aussi

habitué à ne pas prendre au tragique les bruits lancés par la presse, et l'on se croyait assuré que l'orage se dissiperait. Il n'en était pas de même dans le monde officiel. On avait là pleinement conscience des événements latents, on en mesurait la portée et les conséquences, on était informé de la direction inquiétante prise par la Russie et l'on pouvait d'autant moins se leurrer sur l'imminence des dangers que l'on avait aidé à en accumuler les causes. Selon toute apparence, on était prêt pour la lutte.

L'ultimatum sévère du gouvernement de Vienne à la Serbie révéla subitement le sérieux de la situation. Cet acte m'étonna, d'autant plus que je n'en avais été informé d'aucune façon (ceci dit en passant). Le jour qui précéda la remise de la note, mon collègue autrichien pensait, d'après les nouvelles reçues, que la Serbie accepterait toutes les conditions et qu'ainsi le grief principal serait réglé. Nous suivîmes notre alliée et communiquâmes aux puissances que nous considérions les exigences de l'Autriche-Hongrie comme raisonnables et bien fondées, que nous n'avions nullement l'intention de nous immiscer dans les explications entre Vienne et Belgrade. Il paraissait désirable que ni les autres puissances ni l'Allemagne n'en vinssent à se mêler du conflit par crainte de provoquer des complications qui, en raison des obligations des alliances, pouvaient avoir des conséquences incalculables.

La nécessité d'une telle communication pouvait se justifier. Mais la défiance attentive, à laquelle nous étions accoutumés de la part des puissances, l'hostilité qu'elles montraient pour chacun de nos actes politiques, leur parti pris d'y découvrir des significations fausses, nous faisaient craindre qu'on ne nous attribuât des projets que nous n'avions point. Certainement, cette expression publique de notre pensée, la proposition de *localisation du conflit*, était un noble projet, répondant à un vœu sincère d'éviter des complications armées. On pouvait espérer que ce but serait atteint, si toutes les puissances adhéraient à cette idée, avec la bonne volonté qu'elle méritait. Mais la plupart portaient leur attention,

moins sur la localisation du conflit que sur
le fait très net de notre présence aux côtés
de l'Autriche-Hongrie, après avoir affirmé
nos obligations d'alliance.

Le président du Conseil et ministre des
Affaires étrangères était absent, il accompagnait le président de la République à Saint-
Pétersbourg. J'eus à causer avec le ministre
de la Justice Bienvenu-Martin, qui faisait
l'intérim, et avec le directeur des affaires
politiques Berthelot, qui, grâce à sa connaissance exacte des événements, eut à jouer
un rôle remarquable. Mes déclarations ne
furent pas défavorablement accueillies par
le ministre. Il ne pouvait, me répondit-il,
que partager le désir que manifestait l'Allemagne de localiser le conflit et était prêt à
collaborer au maintien de la paix. Il ne
me cacha pas qu'il serait difficile à la Russie,
qui avait à compter avec de forts courants
panslavistes, de rester impassible en voyant
l'Autriche-Hongrie persister dans sa demande de soumission immédiate et sans conditions et d'acceptation de toutes ses exigences. Selon lui, le délai accordé à Belgrade

était trop court. Il fallait reconnaître que certaines prétentions de l'Autriche-Hongrie se conciliaient difficilement avec la souveraineté de la Serbie. Le gouvernement français trouvait naturel que la Serbie donnât des satisfactions suffisantes, garantie de punition des coupables, assurances formelles d'éviter d'autres attentats. De Paris, on avait même conseillé à la Serbie d'aller jusqu'à l'extrême limite des concessions, mais on espérait, en retour, qu'au cas où elle ne pourrait satisfaire à toutes les exigences, Vienne reconnaîtrait sa bonne volonté et ne se refuserait pas à négocier.

Dans l'hypothèse d'une exigence énergique et immédiate de l'Autriche-Hongrie, le ministre laissait entendre, sur un ton obligeant, mais qu'on sentait le fruit de longues réflexions, que la France serait aux côtés de la Russie. Notre proposition de localisation du conflit l'avait surpris. Il ne la repoussait pas. Le gouvernement français voulait faire tout ce qui était possible pour le maintien de la paix. Mais cet espoir fut bientôt perdu. M. Bienvenu-Martin avait

reçu de M. Viviani, pendant son voyage
de retour de Saint-Pétersbourg, la nouvelle
télégraphique que les gouvernements français et russe *s'étaient entendus dans l'hypothèse d'une demande exigeante de Vienne*, pour
lui conseiller la modération et lui montrer
le danger d'une menace contre la Serbie.
Ainsi, une immixtion des puissances rui-
nait notre projet de localisation, fait qu'on a
supprimé dans le Livre Jaune.

La presse française critiqua fortement l'ultimatum. Il était visible que l'Autriche-
Hongrie poussait à la guerre. Elle l'estimait
nécessaire pour faire diversion à ses agita-
tions et à ses discordes intérieures. Selon
toute apparence, l'Allemagne y participerait,
car il était à peine possible de penser que le
gouvernement de Vienne se fût avancé aussi
loin sans une étroite union avec Berlin. Les
circonstances paraissaient favorables à ces
deux nations pour une action de grand style.
L'Angleterre s'occupait de la question de
l'Ulster, la Russie était paralysée par les
grèves, la France, d'après les révélations
du sénateur Humbert, avait encore beaucoup

faire à et l'absence du président de la République et du président du conseil laissait espérer une certaine hésitation. Par suite d'indiscrétions, comme il s'en commet d'ordinaire à Paris, la presse eut connaissance des propositions que j'avais faites au gouvernement français, on leur attribua les motifs les plus osés, quelques journaux allèrent jusqu'à affirmer qu'il s'agissait d'une menace mal déguisée qu'il fallait repousser énergiquement. Sans retard, je protestai auprès du gouvernement français contre ces indiscrétions et leur exposé de faits fantaisiste et déclarai d'une façon formelle que le gouvernement allemand était absolument étranger à l'ultimatum adressé à la Serbie, mais qu'il reconnaissait fondée la demande en réparations. On me répondit, de façon surprenante, que le gouvernement regrettait ces indiscrétions qui n'étaient pas de son fait, qu'il ferait son possible pour apaiser et calmer la presse. Toutefois, j'eus l'impression qu'au quai d'Orsay, on n'était pas éloigné de partager l'opinion des journaux et de voir dans notre communication une démarche plus inquiétante que rassurante. Malgré un communiqué semi-officiel et mes efforts pour combattre l'idée que la note remise à Belgrade n'était pas un acte prémédité entre Vienne et Berlin, la presse persista. Elle donna à entendre que cette communication avait été faite à Paris seulement et à aucune autre puissance. C'était donc un sérieux avertissement donné à la France, quelques feuilles nationalistes parlèrent même d'un essai d'intimidation.

Entre temps, le gouvernement russe avait adressé aux puissances une note disant que le conflit austro-serbe ne pouvait le laisser indifférent. On apprit que la Russie prenait des mesures militaires. Elle n'était pas aussi fondée à employer ce moyen que nous à proposer la localisation du conflit. La situation devenait sérieuse et le différend austro-serbe prenait les proportions d'une question européenne. C'est ce que nous avions cherché à éviter. Pour que toute chance de paix ne fût pas perdue, il fallait sans retard s'efforcer de retenir la Russie dans cette voie dangereuse. Cette pression ne pouvait être

exercée que par son alliée, elle était facilitée
par le fait que le gouvernement de Vienne
avait déclaré à Saint-Pétersbourg qu'il ne convoitait aucune possession territoriale en Serbie
et ne voulait aucunement porter atteinte à
l'intégrité de ce royaume. Je reçus mission
d'exposer au gouvernement français, *avec
lequel nous étions d'accord pour désirer maintenir la paix en Europe*, qu'il devrait user de
son influence à Saint-Pétersbourg. Le succès
de cette démarche ne fut, hélas, pas très
satisfaisant. M. Bienvenu-Martin m'assura
que l'appel à la solidarité pour le maintien de la paix le touchait profondément et
qu'il l'estimait à sa juste valeur, mais il ne
se prononça pas catégoriquement sur la
demande d'exercer une action urgente à
Saint-Pétersbourg. Il ne voulait pas dire
non, mais pensait avant tout qu'une démarche commune à Vienne serait utile. Le
gouvernement de Vienne agirait sagement
en acceptant des négociations, puisque la
Serbie lui avait donné presque entière satisfaction. Le ministre ajouta que pour pouvoir répondre au nom du gouvernement, il

devrait se mettre en relation avec le président du Conseil, qui revenait de Russie. Je fis observer à M. Bienvenu-Martin que son intention d'agir en commun à Vienne ne s'alliait pas avec notre déclaration de laisser l'Autriche-Hongrie et la Serbie régler le conflit.

Une conversation confidentielle avec le directeur politique Berthelot me permit de connaître la pensée du quai d'Orsay. Par suite des indiscrétions commises, et pour éviter des malentendus, je rédigeai une note à la presse sur ma seconde entrevue avec le ministre, entrevue qui dénotait le désir commun de paix. Berthelot la trouva exagérée et nous nous mîmes d'accord pour une déclaration plus réservée. Il ne me cacha pas qu'il avait aussi l'impression que nous poussions notre alliée en avant, que *nous voulions la guerre*. Malgré nos affirmations répétées que nous n'avions eu connaissance de l'ultimatum de l'Autriche-Hongrie à la Serbie que par sa publication, on n'admettait pas que le gouvernement de Vienne eût pu tenter une démarche aussi périlleuse et aussi téméraire, sans nous en avoir informés et sans avoir obtenu notre assentiment. Notre refus de transmettre à Vienne des conseils de modération, après la soumission presque complète de la Serbie, et d'adresser des représentations communes à Vienne, fortifiaient l'idée que nous prenions une attitude de protecteurs entre notre alliée et les autres puissances. Quant à la décision demandée à M. Viviani, en ce qui concernait la démarche française à Saint-Pétersbourg, la réponse serait, selon toute évidence, que la France l'entreprendrait, sous réserve que nous ferions la même à Vienne.

Je restai persuadé que nous ne pouvions pas arrêter le geste fait par notre alliée pour, obtenir punition du meurtre abominable et se préserver des dangers qui menaçaient son existence et, par suite, la nôtre. La croyance, répandue en Russie, que l'Autriche-Hongrie voulait anéantir la Serbie n'était pas exacte, nous n'avions donc aucune raison de détourner notre alliée de desseins qu'elle n'avait pas. La situation s'était établie de telle façon que le levier qui devait être mis en action pour le maintien de la paix était Saint-Pétersbourg. Personnellement, je pensais que le gouvernement de Vienne accepterait des représentations mesurées qui n'auraient pas le caractère de pression. En ce qui nous concerne, notre projet de localisation du conflit, notre proposition d'exercer une influence à Saint-Pétersbourg, l'appel à la France pour le maintien de la paix, sont des faits, qui, pour tous ceux qui voudront juger impartialement, n'étaient pas de nature à troubler la paix, mais au contraire à la garantir.

Les déclarations de M. Berthelot, outre l'avantage de la franchise, caractérisent nettement la manière de voir qui, dès le début de la crise, s'établit à Paris. On nous accusait avec haine d'avoir attisé le feu de la guerre, au lieu de chercher à l'éteindre. Cela ressort, avec une netteté non déguisée dans le Livre Jaune publié peu après le commencement de la guerre. Des nouvelles et des rapports complaisants, provenant même de source non autorisée, y figurent, cherchant à démontrer que l'Allemagne et l'Autriche

étaient animées d'un désir évident de conflit, donnant à presque toutes nos démarches
un sens tendancieux et malveillant. Notre
projet de localisation y apparaît comme une
manœuvre devant empêcher les tentatives
pour amener Vienne à la modération, la
suggestion d'agir à Saint-Pétersbourg y
prend le caractère d'une intrigue maladroite
en vue de rompre l'entente russo-française.
A signaler aussi les opinions tout à fait
concordantes de M. Berthelot et de la presse
parisienne. Étonnant le silence du Livre
Jaune sur nos efforts, qui ne prêtaient pas
à double sens, en vue de solutionner pacifiquement la crise. On n'y trouve aussi aucune
trace d'un entretien que j'eus avec le sous-
secrétaire d'État au ministère des Affaires
étrangères, M. Abel Ferry, entretien dans
lequel je le priai instamment d'user de son
influence pour calmer Saint-Pétersbourg,
laissant entendre que nous ne nous refuse-
rions pas à des représentations amicales
à Vienne, mais sans exercer de pression. Pour
surmonter la défiance française, je proposai
même de demander de façon pressante à

mon gouvernement de faire avec la France,
et en même temps, à Saint-Pétersbourg et
à Vienne, la même démarche. Tout fut vain.
Les préjugés dans les milieux français officiels étaient indéracinables.

La réponse du président du Conseil Viviani, à ma proposition de tenter d'influencer
le gouvernement russe, ne me parvint pas,
bien que les communications télégraphiques
avec Paris ne fussent pas interrompues.
Du moins, elle ne me fut jamais transmise.
Le refus n'était pas douteux. La conduite
du président du Conseil aurait-elle été différente s'il s'était trouvé à Paris, au milieu
de ses amis politiques, partisans de la paix,
et non pas sous le coup de l'impression reçue
à Saint-Pétersbourg? La question peut se
poser. Toutefois, le gouvernement français,
en refusant de mettre la Russie en garde
contre une aventure fatale, prit sur lui
une notable partie de la responsabilité de
l'échec des efforts de paix. Un avis précipité ne fut donné à Saint-Pétersbourg que
lorsque la destinée était en cours, et cela
sans insistance, avec l'allusion transparente

qu'il était prudent de ne pas donner à l'Allemagne prétexte à des mesures militaires. Sans aucun doute, l'attitude du gouvernement français fut fortement influencée par l'ambassadeur russe Iswolski, qui, sans tenir compte de la déclaration précise de Vienne, que l'Autriche-Hongrie ne cherchait aucune acquisition territoriale et ne toucherait pas au royaume serbe, affirmait avec exaltation que la Russie ne permettrait pas *l'anéantissement* de la Serbie.

Les négociations ultérieures eurent trait à la proposition de sir Edward Grey, d'avoir recours à une conférence d'ambassadeurs, moyen qui avait fait ses preuves dans la question albanaise. Ce projet fut immédiatement accepté à Paris. Chez nous, il se heurta à cette considération qu'il exprimait une certaine tendance à faire pression sur l'Autriche-Hongrie, Vienne refusa. Par contre, nous nous ralliâmes à un autre projet du ministre anglais des Affaires étrangères : c'était de décider le cabinet de Vienne à se contenter de la réponse serbe ou à l'accepter comme base d'autres pourparlers. Le gouvernement de Vienne, malgré notre recommandation, ne l'accepta pas. Nos efforts tendirent alors à trouver une voie pour une discussion ouverte entre Vienne et Saint-Pétersbourg. Malheureusement, ils furent devancés et paralysés par les préparatifs militaires de la France et de la Russie. Étant donné le cours des événements, on peut se demander si un revirement aurait pu se produire, l'Angleterre ayant nettement donné à comprendre à Paris et à Saint-Pétersbourg que si les négociations étaient rompues, *ses amis pouvaient compter sur son intervention.* La Russie avait ainsi une force nouvelle dans sa volonté, évidente depuis longtemps, de faire la guerre. Il est à remarquer aussi que, non seulement la Russie faisait des préparatifs qui annonçaient la guerre, mais que, depuis des mois, elle avait pris à ce sujet les décisions les plus graves : ceci a été prouvé plus tard.

Dans un conseil de la couronne, il avait été dit : « *Le moment d'arriver au but approche. On ne peut l'atteindre qu'avec la guerre. C'est la tâche du ministre des Affaires étran-*

gères de créer les conditions préliminaires les plus favorables. » Ainsi s'exprimait le protocole du conseil, tel était l'amour de la paix de la Russie. Cela ne pouvait être ignoré du président Poincaré, alors qu'il séjournait à Saint-Pétersbourg. L'ambassadeur français en Russie, M. Paléologue, donne, dans ses *Mémoires*, des renseignements précieux à ce sujet. Il raconte qu'il rencontra, dans les journées décisives, l'ambassadeur anglais dans l'antichambre du ministre russe Sazonow. L'ambassadeur anglais, qui sortait, lui chuchota : *« La Russie est décidée à la guerre. L'Allemagne doit endosser toutes les responsabilités et l'initiative de l'offensive. L'opinion anglaise sera ainsi gagnée à la guerre. Je vous prie instamment d'agir dans ce sens sur M. Sazonow. »* M. Paléologue n'avait nul besoin de cette invitation, il s'était employé inlassablement à attirer l'attention des ministres russes, du tsar même, sur les prétendues menaces dangereuses de l'Allemagne, et ceci d'une façon qui ne peut être autrement qualifiée que d'excitation à la guerre.

Non seulement en Russie, mais aussi en France, on envisageait des complications et l'on se préparait depuis un certain temps en silence. Au cours de l'hiver de 1913-1914, sur l'initiative de l'autorité militaire, et, avec indication de grande urgence, on prenait soin de pourvoir la ville de Paris de fortes réserves en farine. « *Le temps presse*, déclarait le gouverneur de Paris, le général Michel, en janvier 1914. *Cette année sera une année extraordinaire, nous ne savons pas ce qu'elle nous apportera et si, en mars ou en avril, nous n'aurons pas la mobilisation.* » Ces préparatifs ne pouvaient pas être de simples mesures de prudence, mais d'autres actes du gouvernement eurent une signification plus grave. Il promit, au printemps, au conseil fédéral suisse, qu'au cas où la guerre, qui semblait proche et inévitable, serait déclarée, il assurerait à la Suisse les céréales panifiables. La France, ajoutait-il, ne cherche pas la guerre, mais le jour du règlement de comptes à propos de l'Alsace-Lorraine n'est pas éloigné. Il tenait pour juste de promettre à la Suisse l'entrée des céréales, car la route habituelle par Rotterdam ne serait plus praticable en cas de conflit. C'était déjà une allusion au blocus, très significative. Après les suites de l'attentat de Serajevo, les manœuvres du 14e corps d'armée furent interrompues, tous les officiers de l'armée et de la marine reçurent l'ordre d'être le 27 juillet rendus à leur corps ou sur leurs vaisseaux. On commença à armer les forteresses et à faire d'autres préparatifs. Des troupes du Maroc et de l'Algérie furent rapprochées du littoral. J'eus la mission de parler au président du Conseil, rentré de Saint-Pétersbourg, des préparatifs militaires français, de lui faire observer d'une manière formelle que de telles mesures en appelaient d'autres de notre part pour notre sécurité. Nous proclamerions *l'état de danger de guerre* et, si cela ne désignait pas encore les appels et la mobilisation, cela contribuerait certes à augmenter la tension. M. Viviani convint que quelques mesures militaires avaient été prises. Il s'agissait plutôt de mesures de prudence de peu d'importance, on était encore loin de la mobilisation. Personnellement, il verrait sans inquiétude l'Allemagne agir de même, il conservait l'espoir d'assister au maintien de la paix, si ardemment souhaité en France. Le même jour, le président du Conseil, dans le but de nous représenter comme les instigateurs de la guerre, fit remettre à Londres une énumération des mesures militaires allemandes et françaises. Elle devait prouver que la France s'était bornée à nous suivre sur ce terrain avec lenteur et hésitation. Il résulte des publications ultérieures que le gouvernement français, pour ne pas se laisser devancer *derrière le paravent du danger de guerre*, avait pris des mesures significatives, alors que cet état n'avait pas encore été proclamé chez nous ; plus encore, qu'elle avait été avertie que si ses préparatifs continuaient, nous serions aussi forcés d'y répondre.

Les événements prenaient une tournure violente et fatale. Dans un désir sincère de ne rien négliger pour sauver la paix menacée, le gouvernement allemand avait instamment conseillé à Vienne d'essayer une entente avec la Russie, et avait atteint

ce but non sans peine. De plus, nous avions
donné notre adhésion de principe au projet
de sir Edward Grey, pour une médiation,
en commun avec l'Angleterre, l'Italie et la
France, en déclarant que la réponse serbe
pouvait servir de base aux négociations.
Cela n'empêcha pas M. Viviani de déclarer,
dans une note aux ambassadeurs français,
que l'attitude de l'Allemagne donnait la
conviction qu'elle cherchait l'humiliation
de la Russie, la rupture de la Triple Entente
et, si ces buts ne pouvaient être atteints, la
guerre. Nos efforts pour rapprocher Vienne et
Saint-Pétersbourg, sans être encore en action,
ne paraissaient pas sans espoir, lorsque le
gouvernement russe décréta la mobilisation partielle contre l'Autriche-Hongrie et
la fit suivre de la mobilisation générale de
l'armée et de la flotte, mobilisation dirigée
contre nous. Les exhortations les plus pressantes de notre ambassadeur à Saint-Pétersbourg, les appels répétés et émouvants de
l'empereur, à l'amitié, à la sagesse et à l'amour
de la paix du tsar, l'essai de ce dernier de
suspendre la mobilisation furent rendus vains

par l'acte téméraire des dirigeants russes, sans respect pour leur parole d'honneur.

Bien différente fut l'attitude du gouvernement français ; pas de représentation pressante à Saint-Pétersbourg, pas de télégramme du président de la République au tsar. Seulement, après que l'inévitable catastrophe fut en vue, un conseil, suspect et tardif, de ne donner à l'Allemagne aucun prétexte à mobiliser. Par contre, des assurances prématurées et nombreuses que la Russie pouvait compter sur l'appui diplomatique de la France et sur l'exécution complète de toutes les obligations découlant du traité d'alliance. Enfin, un message du président Poincaré au roi d'Angleterre dans le but visible de décider ce pays à sortir de sa réserve prudente et hésitante.

Le 31 juillet, j'eus mission de déclarer au président du conseil Viviani que la mobilisation russe nous avait forcés à déclarer *l'état de danger de guerre*, auquel devait succéder la mobilisation si la Russie ne cessait pas, dans un délai de douze heures, ses préparatifs contre nous. La mobilisation

signifiait irrémédiablement la guerre. Je
devais demander si, en cas de guerre russo-
allemande, la France resterait neutre. La
réponse devait me parvenir dans les dix-
huit heures. Mes instructions disaient, en
outre, que, pour le cas où la France voudrait
rester neutre (ce qui était invraisemblable),
elle devrait nous donner comme garantie
le droit d'occuper les forteresses de Toul et
de Verdun pendant la durée de la guerre.
Dans un entretien que j'eus le 31 juillet au
soir avec M. Viviani, il me déclara, à ma
très grande stupéfaction, qu'il n'avait aucune nouvelle d'une mobilisation russe dirigée
contre l'Allemagne. Il était informé seulement d'une mobilisation partielle contre
l'Autriche-Hongrie et de mesures générales
de sécurité. Il ne voulait pas perdre l'espoir
d'éviter le pire. Il ne put rien répondre à mon
affirmation que, non seulement toute l'armée
russe, mais aussi la flotte étaient mobilisées,
preuve évidente que ces préparatifs étaient
dirigés contre nous. Il prévoyait me donner
sa décision à la question de neutralité le
lendemain à midi, après le Conseil des mi-

nistres. Son ignorance de la mobilisation générale russe paraît surprenante. Dès le matin, elle avait été annoncée à Saint-Pétersbourg, déjà décrétée depuis la veille et, sans aucun doute, décidée depuis longtemps. Le président du Conseil, revenant de Saint-Pétersbourg, ne pouvait ignorer ces projets. Si l'on admet qu'il n'était pas mieux renseigné qu'il le prétendait, reste cette présomption qu'il a été trompé par les dirigeants russes, comme ils ont essayé de le faire avec notre représentant à Saint-Pétersbourg. D'un autre côté, il est certain que l'ambassadeur français à Saint-Pétersbourg (il le confirme lui-même dans ses *Mémoires*) a été averti de la mobilisation le 29 juillet au soir. Or, la mobilisation russe signifiait la guerre; on ne pouvait l'ignorer à Paris, puisque c'était une des bases mêmes du traité d'alliance.

Pendant la nuit, M. Viviani télégraphia à Saint-Pétersbourg qu'il ferait à notre demande de neutralité la réponse suivante :

« *La France se laissera guider par ses intérêts et ne doit compte de son attitude qu'à ses alliés.* »

Dans les publications officielles françaises, on a rapporté notre conversation d'une manière fausse ; d'après elles, elle ne concernait que l'attitude de la France. En fait, j'ai expliqué qu'après la mobilisation russe et notre ultimatum à la Russie, qui ne devait vraisemblablement pas être accepté, nos décisions dépendaient de la conduite de la France, à laquelle je demandais une déclaration. Si elle se décidait à rester neutre, nous pourrions discuter les conditions, mais la question de garantie exigée, la remise des forteresses, ne fut pas effleurée, elle dépendait de la réponse de principe du gouvernement français. Cette réponse me fut transmise le 1er août, avant le délai fixé : *La France,* disait-elle, *fera ce que lui commanderont ses intérêts.* M. Viviani ne me donna pas d'autres explications. Il fondait sa réponse, un peu obscure, sur sa croyance que la situation générale était changée et réellement améliorée. Un nouveau projet de sir Edward Grey sur l'arrêt général des préparatifs militaires était accepté en principe par la Russie, et l'Autriche-Hongrie [avait affirmé à nouveau qu'elle ne voulait pas porter atteinte, ni à l'intégrité territoriale, ni à la souveraineté serbe. L'espoir qui semblait perdu revivait à nouveau. Je n'avais reçu de Berlin aucune instruction nouvelle et ne pouvais me prononcer. Il ne me parut pas douteux, et je l'ai dit à M. Viviani, que la réponse vague donnée sur la question de neutralité équivalait à un refus, et il ne me contredit pas quand j'ajoutai que moi-même, et selon toute probabilité, mon gouvernement, la considérais comme négative. La question de garanties devenait inutile.

Il est clair que cette idée était malheureuse. Au point de vue militaire, une demande de garantie pour la neutralité peut être juste ; au point de vue politique, non. Elle était d'un tel intérêt pour nous, que pour l'obtenir, nous aurions dû offrir plutôt qu'exiger. D'ailleurs, cette demande d'abandon de forteresses prouvait la méconnaissance complète du sentiment national français et était capable d'étouffer tout germe d'entente, au cas où le gouvernement français aurait consenti à prendre en considération ce projet

de neutralité. Cette faute ne peut que s'expliquer ainsi : un parti, encore imparfaite-
ment indiqué au point de vue politique,
soumit à la direction des Affaires étrangères
ces exigences de garantie, qui ne furent
présentées que dans la certitude que la
France ne les accepterait pas. Ce fut le cas.
Après des efforts de plusieurs années, les
Français arrivèrent à déchiffrer ces instructions télégraphiques secrètes relatives à
cette question de neutralité. Ils ont considéré
cette découverte comme une nouvelle preuve
de notre désir de guerre. Cette interprétation
est arbitraire. La demande d'abandon de
forteresses ne résultait pas d'une volonté
décidée à provoquer en tout cas une rupture,
elle était tout simplement un calcul faux.

Le jour fixé pour la réponse à notre demande, dès 3 h. 40, fut décrétée, de Paris, la
mobilisation française, vingt minutes avant
la nôtre. L'heure exacte est de toute importance ici, parce que, du côté français, on a
prétendu que la mobilisation avait suivi
la nôtre. J'essayai à nouveau d'obtenir du
président du Conseil une réponse nette,

mais sans succès, il s'en tenait à celle donnée avant midi. Au sujet de la mobilisation qui venait d'être décrétée, il affirma qu'elle n'avait aucun but agressif, ce qui était confirmé par une proclamation. Il restait toujours prêt à continuer les négociations sur la base du nouveau projet de sir Edward Grey, auquel la France avait souscrit et qu'elle recommandait. Pour éviter des incidents à la frontière, on avait eu la précaution d'établir du côté français une zone libre de dix kilomètres.

D'après les publications officielles, dans les jours critiques qui précédèrent la guerre, on put remarquer que M. Viviani était inquiet. Après le refus de neutralité, je lui avais laissé entrevoir la possibilité de mon départ. C'était pour lui une autre preuve de notre désir de rupture et de guerre. On prétendit aussi que j'avais mis en sûreté les archives de l'ambassade, imputation fausse et imaginaire, comme beaucoup d'autres ayant pour but de nous faire porter, devant le monde entier, la responsabilité de la guerre. M. Viviani ne vit pas, dans mon

allusion, qu'il s'agissait du sentiment hostile de la population parisienne, qui m'avait
déjà forcé à abriter chez moi les membres de
l'ambassade, du consulat, ainsi que leurs
familles, et d'autres compatriotes dans l'embarras. Ces incidents fâcheux pouvaient à
chaque minute prendre une forme qui me
contraindrait à un départ précipité. L'affirmation que les archives avaient été cachées
est complètement dénuée de fondement.

L'attitude de la population française, jusqu'à l'heure de la mobilisation, était tendue,
mais son tempérament si excitable était en
général au calme. Ses dispositions étaient
hostiles, pleines d'animosité contre l'Allemagne, mais sans excès grave. La presse,
sous l'influence du gouvernement et grâce
aussi à nos efforts, était modérée. A maintes
reprises, elle accentua l'idée que l'étroite
solidarité des puissances de l'Entente empê-
cherait l'Allemagne d'aller jusqu'au bout.
J'avais aussi beaucoup d'espoir dans le
projet de sir Grey. En sous-main, des partis
puissants s'employaient à apaiser le peuple
français. Parmi les personnalités les plus

agissantes dans ce sens, était le chef socialiste influent, le champion enthousiaste de la paix des peuples, Jaurès. L'activité laborieuse de cet homme important, qui mieux que quiconque avait, depuis longtemps, pénétré l'intrigue russo-française et possédait le courage de la stigmatiser et de dénoncer l'ambassadeur russe Iswolski comme l'instigateur de la guerre, tomba le jour de la mobilisation sous les coups d'un assassin. Ce meurtre ne fut longtemps ni expliqué, ni puni, selon toute apparence, à cause des faits que le jugement aurait mis à jour et qui auraient pu nuire à l'union sacrée, à la paix intérieure et inciter les passions populaires à un mouvement hostile contre les dirigeants. La *vox populi* avait désigné les nationalistes comme ayant mis l'arme dans la main de l'assassin, sinon matériellement, du moins moralement.

Dans la nuit, parvint la nouvelle grave que nous avions répondu à la provocation russe par la déclaration de guerre à la Russie. Ainsi était perdu tout espoir d'écarter le pire et le *casus fœderis* était applicable à

la France sans réserve. Si cet événement
n'était pas survenu, peut-être le meurtre de
Jaurès aurait-il pu provoquer un mouvement
populaire et donner au gouvernement une
occasion de rester sur la réserve. Chacun
pouvait, dès lors, penser que nous avions
donné le signal de la lutte sanglante et que
son extension à la France et à l'Allemagne
était devenue inévitable. L'opinion publique
fut dirigée dans ce sens et les nationalistes
eurent beau jeu à intensifier ce mouvement.
De ce moment, la tension se changea en
une réaction furieuse contre nous et particulièrement contre l'empereur, qui avait
ordonné le déchaînement de la guerre. La
haine contre lui éclatait d'autant plus que
de nombreux Français s'étaient plu à voir
en lui le gardien de la paix et ne pouvaient
lui pardonner l'humiliation de s'être trompés.
Ce fut une explosion de haine contre tout
ce qui était ou paraissait allemand, on en vint
à des actes révoltants.

Le 3 août, j'eus encore un entretien avec
le président du Conseil. Il ne cachait pas le
sérieux de la situation, mais voulait tou-

jours se persuader dans une certaine mesure que le projet Grey pouvait encore tout sauver. Les événements suivaient cependant leur cours irrémédiable. Je lui fis part de l'entrée de nos troupes dans le Luxembourg, ce qui ne signifiait pas une démonstration hostile, mais une mesure de protection pour les voies ferrées qui se trouvaient sous la gestion allemande. Le soir, je reçus une communication du gouvernement français protestant contre des violations de frontière par l'Allemagne et des attaques où le sang avait coulé. Ces actes paraissaient des entreprises irréfléchies de postes allemands en reconnaissance. Ils furent publiés dans la presse, avec des exagérations excitantes et considérés comme de sérieuses hostilités commencées sans déclaration de guerre. L'agitation du peuple français se transforma en fièvre ardente, les brutalités contre les Allemands en sont une preuve. Des démonstrations bruyantes contre l'ambassade purent être réprimées.

Dans l'après-midi du 3 août, arriva un télégramme chiffré avec la signature du chancelier, signe de l'importance du con-

tenu. Je me doutais qu'il renfermait la décision. Situation pénible entre toutes, le télégramme était tellement mutilé, que, malgré
les efforts les plus assidus, des fragments
ne purent être déchiffrés. On put cependant
lire que des attaques aériennes avaient eu
lieu sur Nüremberg, Carlsruhe, Wesel, et
qu'à six heures je devais demander mon
passeport, confier la défense des personnes
et des intérêts allemands à l'ambassade américaine et partir. Le temps nécessaire pour
demander des explications sur la partie non
lisible manquait. Comme j'avais appris d'une
autre source que nous avions été forcés à la
déclaration de guerre par une attaque
aérienne française sur Nüremberg, je me
décidai à me servir du peu que nous aurions
pu éclaircir dans le télégramme pour motiver
la rupture définitive. La partie non déchif-
frable avait trait, comme je l'appris plus tard,
à des actes français d'hostilités importantes à
la frontière alsacienne. Elle avait été fran-
chie par des corps de troupe en liaison, malgré la zone protectrice de dix kilomètres.

Quelque temps après, il s'est confirmé

que les rapports concernant les attaques
aériennes françaises reposaient sur des erreurs fâcheuses. Ils paraissaient être l'œuvre
d'esprits visionnaires très excités. On ne
comprend pas que des informations aussi
fausses aient pu avoir, aux yeux de nos dirigeants, la valeur de faits réels et de faits
assez importants pour motiver une déclaration de guerre. Les violations de frontière
furent établies de façon indiscutable et tous
les démentis français ne peuvent rien contre
nos preuves. Une fatalité persistante m'a
forcé à me fier à des déclarations qui ont
donné aux Français une riche matière pour
affirmer que nous avons fondé notre offensive sur des prétextes mensongers. La presse,
les ministres, et surtout le président Poincaré,
se sont servis avec prédilection de ce moyen
plein d'efficacité pour soutenir que nous avions
inventé de toutes pièces les causes sur lesquelles se basait notre déclaration de guerre.

Je transmis d'abord verbalement la déclaration de guerre à M. Viviani, avant de la
donner par écrit. Il l'accepta sans donner
aucun signe d'émotion intérieure, comme

une nouvelle toute naturelle. Mais il s'éleva
avec force contre les raisons invoquées.
Il était impossible, me dit-il, que les attaques
aériennes énoncées eussent eu lieu réellement. Je ne manquai pas de lui faire nettement remarquer qu'une partie notable du
télégramme reçu n'avait pu être déchiffrée
et il était admissible qu'il contenait d'autres
griefs, et le relevé d'autres actes français
d'hostilité. Je pouvais aussi me servir du
fait qui va suivre, comme d'un prétexte.
En me rendant au ministère, dans la rue de
l'ambassade, un homme sauta sur le mar-
chepied de mon automobile, fit irruption
à l'intérieur avec des gestes menaçants et
de violentes apostrophes, un deuxième le
suivit. Comme je n'étais pas accompagné,
je dus avoir recours à l'aide de trois agents
de police, qui se tenaient au coin de la rue,
pour me débarrasser de ces intrus. Trois
hommes s'élancèrent alors dans ma voiture
et se placèrent sur la banquette du chauffeur.
Ils se firent reconnaître comme membres
de la police secrète par ce mot *Service*. Ils
sont restés, à mes côtés, revolvers chargés,

jusqu'au moment où je montai en wagon, et se sont conduits très correctement. M. Viviani m'exprima d'une façon convenable ses regrets pour l'incident.

Je me suis décidé à relater ce fait de peu d'importance, parce que la presse parisienne l'a publié d'une façon tout à fait fantaisiste. A l'en croire, pendant dix jours, j'ai parcouru seul les rues de Paris dans le dessein de provoquer des scandales, des insultes publiques à ma personne, et de trouver ainsi prétexte à la rupture des relations, ce pourquoi j'étais embarrassé. La vérité est que, dans ces jours critiques, je n'ai quitté l'ambassade que pour me rendre chez le président du Conseil. Par contre, ma voiture automobile, vide ou occupée par des membres de l'ambassade, est souvent sortie, pour amener chez moi des compatriotes molestés ou pour aller chercher des vivres à l'intention des nombreux réfugiés allemands à qui j'avais donné abri.

Le président Poincaré s'est lui-même laissé persuader et gagner par cette invention sotte et haineuse et l'a relatée, une pre-

mière fois, dans un discours à la fête nationale du 14 juillet 1915, devant un cercle
d'auditeurs choisis, la deuxième dans une
conférence sur l'origine de la guerre et là,
avec nombre de détails enjolivés. J'ai dû
personnellement faire une démarche publique pour obtenir une rétractation. M. Viviani s'est ainsi plu à répandre de tels contes.
La presse française a publié (toujours les
indiscrétions!) que pendant mon dernier
entretien avec lui, j'étais visiblement ému.
M. Poincaré n'a pas craint d'ajouter que
c'était un signe de l'embarras dans lequel me
mettait le prétexte faux d'attaques aériennes.
J'avoue qu'en remettant la déclaration de
guerre, je ne pouvais paraître indifférent, non
par honte (je ne connaissais pas encore à ce
moment la fausseté de certaines assertions),
mais par le sentiment de ma responsabilité,
Je portais un poids d'une lourdeur énorme.
J'avoue volontiers avoir envié le calme gla-
cial que conservait M. Viviani. Mon audience
de congé fut, comme l'exigeaient les circonstances, empreinte de gravité, mais se
déroula suivant les règles absolues de la

courtoisie. Après avoir recommandé instamment à l'humanité de M. Viviani les nombreux Allemands restés en France, et dont des milliers étaient sans abri, je pus obtenir l'assurance qu'on aurait soin d'eux. En le quittant, je pus ajouter, en dernier lieu, que j'avais conscience d'avoir employé tous mes efforts à établir de bonnes relations avec la France, d'avoir fait tout ce qui était en mon pouvoir pour éviter l'événement fatal qui venait de se produire. Je considérais cette guerre comme le plus grand malheur qui eût atteint l'humanité civilisée.

Avant la mobilisation, la situation des Allemands restés en France me donna de graves sujets d'inquiétude. Ils étaient 150 000, dont 80 000 à Paris, sans compter ceux qui étaient de passage ou en voyage. Je prévoyais que le gouvernement français ne les expulserait pas comme en 1870, mais les retiendrait, surtout ceux qui étaient aptes au service militaire. Le trafic des voyageurs pour l'étranger devant vraisemblablement être suspendu, mon devoir était de veiller à ce qu'ils fussent avisés assez tôt, et d'aider à leur départ. Il fallait d'abord les avertir des dangers qui les menaçaient. De sérieuses et nombreuses difficultés entraient en jeu, tout d'abord le choix du moment. Aussi longtemps que les efforts pour le maintien de la paix n'étaient pas abandonnés, et ils se sont poursuivis jusqu'au dernier jour, il n'était pas possible de les aviser officiellement. La plupart de nos nationaux auraient dû abandonner des places avantageuses, des situations acquises au prix d'une longue patience et de grands labeurs. Si la catastrophe avait pu être évitée, mon initiative aurait donné lieu à des récriminations et à des appels en responsabilité. Je devais aussi penser qu'une telle mesure alarmerait les Français et serait utilisée par eux comme une preuve que l'Allemagne avait voulu la guerre. Il a suffi de quelques préparatifs de départ de ma famille et des membres de l'ambassade pour que la presse et le gouvernement français se crussent autorisés à affirmer que je considérais la guerre comme inévitable et, par suite, que *nous voulions la guerre*. Cela étant, il ne pouvait être question d'avertissements même prudents et discrets. A part une petite colonie en relations suivies avec les représentants officiels, nous n'aurions pu atteindre la plupart de nos compatriotes.

Malgré tout, on essaya de donner à temps, et dans la plus large mesure, des conseils de départ. Plus particulièrement les consulats dans les ports avertirent les commandants de bateaux. Aux Allemands qui s'adressaient à l'ambassade ou aux consuls, on ne cacha pas que, si la situation n'était pas désespérée, elle était cependant assez sérieuse pour que tous ceux dont la situation était indépendante s'apprêtassent à partir sans retard. Quelques jours après, on conseilla d'urgence le départ. En même temps que l'ordre de mobilisation, parut une ordonnance du président de la République, qui accordait aux Allemands un délai d'un seul jour pour quitter le pays. Passé ce délai, ils seraient internés. Je remarquai que les Autrichiens et les Hongrois étaient compris dans l'ordonnance, mais pas les Italiens, ce qui prouvait que l'on comptait dès ce moment sur l'entrée en guerre immédiate de l'Autriche-Hongrie, ce qui arriva en effet. Dans quelques villes, cette ordonnance fut affichée avant le temps désigné, ceci démontrait que le gouvernement français avait depuis longtemps pris des mesures étendues, quoiqu'il parût être complètement surpris par les événements. Il ne nous restait plus qu'à organiser les départs. C'était difficile. On ne trouvait pas l'argent nécessaire, peu de trains se dirigeant vers la Belgique et la Suisse pouvaient être utilisés. Au prix de difficultés inouïes, ces inconvénients purent être surmontés. Des milliers d'Allemands, et surtout les mobilisables, regagnèrent l'Allemagne à temps, et la misère de ceux qui restaient fut un peu adoucie. Ceux qui ne purent quitter la France trouvèrent un abri à l'ambassade, jusqu'au soir du 3 août, instant auquel la rupture des relations mit un terme à l'activité officielle. Je priai le président du Conseil d'en prendre soin et confiai leur défense à l'ambassadeur américain, qui accepta volontiers.

Beaucoup d'Allemands ne prirent pas assez

au sérieux notre avertissement, ne reconnurent pas leur départ comme urgent, ou s'attardèrent à des préparatifs compliqués, perdant ainsi un temps précieux, pendant lequel il était encore possible de voyager. Ils furent surpris par la fermeture du trafic le 2 août au soir et durent rester en France, où, contre tout droit, toute humanité, et en dépit des assurances données formellement par le gouvernement français, ils furent retenus et traités comme prisonniers bien au delà du temps où la réouverture du trafic aurait permis leur retour. La dureté de leur sort douloureux fut aggravée dans la plupart des cas par un traitement hostile et dégradant. Qu'en cette circonstance, les Allemands, retenus aussi arbitrairement, et leurs familles désespérées, aient par découragement parlé d'un manque de prévoyance et d'attention des représentants officiels, cela est explicable et excusable. Mais que des personnes non intéressées, vraisemblablement habituées à toujours critiquer les représentants à l'étranger, aient élevé des plaintes publiques, sans autre preuve et sans connaître exactement les faits, voilà une attristante constatation.

Mon départ de Paris eut lieu le lendemain de la déclaration de guerre. En secret, il s'effectua dans une gare de banlieue et se passa sans incident. Le train spécial qui m'était destiné était prêt longtemps avant que j'eusse demandé mon passeport, fait qui jette une lumière particulière sur la crainte exprimée par M. Viviani au sujet de mes préparatifs de départ. J'ignorais la direction qui serait prise. Je demandai à être dirigé par le plus court chemin à la frontière allemande via Strasbourg. On me fit observer que cette ligne était fermée par nécessité militaire, et que l'on emprunterait une autre voie. On ne me fit pas accompagner. Les conducteurs m'assuraient qu'ils ignoraient l'itinéraire à suivre. On s'aperçut que le train était dirigé vers la Belgique. A la frontière belge, je dus apprendre que l'on ne pourrait poursuivre le voyage sur Cologne, les ponts et tunnels ayant été détruits. Je n'avais aucun soupçon de la rupture avec la Belgique, survenue la nuit même. Je n'avais même jamais envisagé une pareille éventualité. Comme secrétaire d'État, je n'ai pas connu les plans militaires, bien que, sans nul doute, ils eussent été arrêtés depuis longtemps. Je croyais, au contraire, que la neutralité belge, garantie aussi par l'Allemagne, était inviolable. L'assurance répétée en avait été donnée à Bruxelles. L'attaché militaire de l'ambassade, un officier d'état-major qui, autrefois, avait été en fonction à Bruxelles, m'avait affirmé que si la question d'un passage à travers la Belgique venait à se poser, ce ne serait que plus tard. Avec la nouvelle tournure des événements, je courais le danger, ainsi que les nombreuses personnes qui m'accompagnaient, et parmi elles beaucoup d'officiers, d'être retenu sur le territoire de la Belgique, avec laquelle nous étions en guerre. Si cela n'est pas arrivé, c'est peut-être grâce à notre passage effectué de nuit. Après mille difficultés, le train put atteindre la frontière à Goch, en passant par Bruxelles, Anvers et la Hollande.

Il n'est pas inutile de jeter un regard en arrière sur certains faits qui sont d'une grande importance pour juger du succès ou de l'insuccès de l'activité diplomatique. Mon ignorance des événements, lorsque je traversai la Belgique en état de guerre par notre faute, est un exemple frappant pour l'édification de ceux qui aiment à juger défavorablement les représentants diplomatiques des postes importants, et sont disposés à croire qu'ils tiennent dans leur main les rênes de la grande politique. L'expérience démontre que le cercle d'action, le cercle de vision, sont si restreints que les ambassadeurs ignorent, la plupart du temps, des événements capitaux capables de renverser l'édifice politique. Elle prouve aussi que la direction politique peut être entraînée sur des pentes funestes, non pas de sa propre initiative, mais par des influences qu'elle ignore et ne peut combattre. C'est à ces influences qu'incombent les responsabilités.

La demande de garanties pour la neutralité de la France, consistant en l'abandon de deux forteresses importantes, comporte également d'utiles et multiples enseignements. Tenté avec des vues tout à fait fausses, cet essai fut déplorable. Si j'avais été en situation de transmettre ce désir tel qu'il m'avait été exprimé, et exécuté l'ordre donné, j'aurais commis la faute la plus grave, bien que ce ne fût pas une faute personnelle. La guerre avec la France, que nous voulions éviter, aurait été inévitable. L'énorme maladresse de cette méprise n'est pas diminuée de ce que les prévisions pour sa réalisation n'entrèrent pas en jeu.

On peut m'objecter que j'aurais été en droit de faire valoir de sérieuses considérations pour refuser d'accomplir cette mission. Admissible en théorie, cette thèse ne l'est plus en pratique. Pour soumettre mes objections, il me manquait le temps nécessaire, mon refus aurait entraîné mon départ, suivi de la rupture et de la guerre.

Je reviens sur la fatalité regrettable qui me mit dans la nécessité de fonder la déclaration de guerre sur la nouvelle d'attaques aériennes, dont la fausseté fut de suite reconnue du côté français. Des raisons militaires ont pu trouver leur compte à charger les Français de l'ouverture des hostilités,

mais la responsabilité à endosser était si
grave, qu'elle nécessitait pour agir des
arguments irréfutables. Même si ces attaques
avaient eu lieu réellement, il ne fallait pas
leur accorder l'importance d'attaques de
guerre ; de notre côté, nous avons eu aussi
des actes irréfléchis émanant de quelques
têtes chaudes. Les Français, si prompts à
se décider, ont été assez adroits pour ne pas
prendre ces quelques faits comme prétexte
à la déclaration de guerre, et nous laisser
l'odieux de l'offensive. On peut aussi se
demander si le refus de notre proposition
de neutralité, auquel la France répondit
qu'elle prendrait position entre la Russie
et l'Allemagne, aux côtés de son alliée,
n'était pas une raison suffisante pour justifier notre rupture avec elle. Quelle que
soit l'autorité dirigeante responsable de cette
faute, c'est moi qui fus chargé du poids écrasant de cette méprise diplomatique : avoir
fourni à nos adversaires un moyen d'une
grande efficacité pour leur propagande de
haine et pour leur accusation d'agression
criminelle. Que mon nom soit lié à une lourde

erreur qui revêtit l'apparence de mensonge,
c'est le souvenir le plus pénible de ma carrière.

Après avoir atteint la frontière, la continuation de notre voyage se heurta à d'autres difficultés. Notre marche vers l'Est s'exécutait en pleine fièvre, les voies ferrées étaient utilisées pour les transports militaires. J'estimai qu'aucune occasion prochaine pour le retour à Berlin ne se présenterait et je décidai d'utiliser le train spécial français et de le renvoyer dès notre arrivée. Il fallut vaincre la résistance du commandant de gare, qui, inaccessible à toute tolérance pour des cas exceptionnels, voulait saisir le train et emprisonner les deux conducteurs français. Je dus, en fin de compte, user du moyen fort, revêtir mon uniforme de colonel pour me faire obéir. A Berlin, je fus obligé d'intervenir auprès du chancelier pour obtenir le renvoi du train. Dès mon arrivée, je fis mon rapport à l'empereur et au chancelier sur les derniers événements. Je leur exposai mes impressions, mon opinion que la guerre serait longue et dure, une lutte décisive pour

être ou ne pas être. Avec la grande supériorité de nos adversaires en ressources de toute
sorte, et, malgré notre solide armature,
notre vitalité nationale si bien disposée,
il fallait se demander si les combats nous
donneraient un autre résultat et une autre
victoire que la certitude de sauvegarder notre
situation et notre honneur. J'insistai aussi
sur cette tendance, visible chez nous, à méconnaître la force de résistance militaire et
nationale des Français, tendance que les
rapports d'ambassade n'avaient jamais autorisée. L'empereur était sérieux, mais calme
et confiant. Il apprit avec plaisir l'enthousiasme unanime et l'énergie qui animaient
le peuple allemand, sentiments dont j'avais
vu les manifestations pendant mon voyage.
C'est la dernière fois que je pus approcher
Guillaume II. Mon désir d'être encore reçu
par lui après la fin de mon séjour à Munich, en
raison de ma carrière diplomatique, ne
put être réalisé.

Je trouvai aussi le chancelier grave et
confiant, mais encore sous le coup de l'émotion causée par la déclaration de guerre

de l'Angleterre, arrivée la veille. Il me demanda si, après la guerre, il serait possible de conclure une alliance avec la France. Je lui répondis que je le croyais possible sous réserve de deux conditions : la première, que nous ne portions pas la guerre en territoire français, de façon à ne pas soumettre les forces nationales françaises à un effort extrême (il n'était pas de ma compétence de juger si, au point de vue militaire, cette condition était possible) ; la deuxième, c'est que, si nous étions vainqueurs, nous traitions la France avec ménagement, principalement en respectant son point d'honneur, et que nous lui accordions peut-être une rectification de frontière en Lorraine.

J'avais formé le dessein de me mettre à la disposition de l'autorité militaire, mais je ne pus le mettre à exécution. Il était nécessaire de remplacer l'attaché prussien à Munich, appelé au grand quartier général, par un représentant diplomatique très au courant des charges de ce poste et des relations avec la Bavière. Le choix se porta sur moi et j'acceptai volontiers. Je restai à

Munich plus de deux ans, jusqu'au moment
où l'attaché, sa mission terminée, reprit son
poste. Mon séjour dans la capitale bavaroise
éveillera toujours en moi des sentiments
agréables. Il clôtura ma carrière diplomatique
qui, presque à un jour près, avait duré
quarante ans.

CHAPITRE V

Divergences d'appréciation entre l'Allemagne, la France, la Russie, l'Angleterre. — L'encerclement de l'Allemagne. — Possibilités d'entente évanouies. — Événements précédant immédiatement la guerre. — Les menées serbes et russes. — Défense de l'Autriche-Hongrie. — La coopération allemande. — Échec des tentatives pour la paix. — Le partage des responsabilités. — La Russie est la principale coupable, la France est complice et l'Angleterre indifférente. — L'Autriche-Hongrie dépassa le but. — La part exacte de responsabilité qui incombe à l'Allemagne. — Déclaration de guerre à la Russie. — L'invasion de la Belgique.

Des années se sont écoulées depuis les temps effroyables où le canon tonnait, où le sang coulait à flots.

Les armes sont au repos, les lignes fondamentales d'une nouvelle vie sont tracées, mais l'esprit de paix n'est pas encore descendu sur l'humanité souffrante; toujours

gronde, demandant des victimes, un océan
de haine ; la force régit le monde, les passions
sont déchaînées, les nations s'épuisent à se
renvoyer la responsabilité des malheurs de
la guerre. Les esprits sont encore trop sous le
coup de l'effroyable catastrophe pour être
capables de compréhension entière, de vue
claire, de jugement impartial. Même la
volonté la plus loyale, dans le désir sincère
de connaître et de prouver les causes de
la tragédie, de distinguer nettement le
juste de l'injuste, se heurte à des difficultés
qui procèdent de notre impuissance personnelle, de l'impuissance générale où nous
sommes tous de laisser éclater, à travers la
nuit et le mensonge, la clarté et la vérité.
Des essais ont été tentés pour la recherche
des responsabilités, mais pas un n'a atteint
le but : juger l'ami et l'ennemi, distinguer
sur quel point précis chacun est coupable.
Si un nouvel essai est entrepris ici, ce n'est
pas dans l'intention de renforcer les oppositions existantes, mais avec la pensée qu'un
examen loyal et sincère peut atténuer et
excuser nos fautes personnelles et celles de

nos adversaires. Tirer au clair ces graves questions exige plus qu'un regard dans le passé proche et presque tangible encore, il appelle une vue profonde des événements accomplis, et la recherche des causes lointaines qui les amenèrent.

L'origine de la lassitude qui pesait sur l'Europe depuis plus d'une génération, pour un observateur attentif, tenait à l'opiniâtre opposition de la nation française au nouvel état de choses, devenu définitif depuis 1871.

Fidèles au souvenir du passé, de leur ancienne supériorité politique, militaire et civilisatrise, les Français ne pouvaient se faire à l'idée d'avoir subi une diminution de puissance, de considération et de territoire, du fait de forces plus jeunes et plus vigoureuses. La nation conserva cette opinion tenace, que l'annexion de l'Alsace-Lorraine était une lourde injustice, dont l'honneur et la vitalité de la France exigeaient réparation. Elle ne voulait pas admettre cette conception allemande, que nous avions regagné, dans un combat loyal, ce qui nous avait été arraché par la force dans un temps

282 MÉMOIRES DU BARON DE SCHŒN

de faiblesse, et dont la conservation nous était nécessaire pour nous garantir d'attaques répétées, si longtemps suivies. La France a acquis, sous notre regard bienveillant, des colonies en Afrique, en Asie, dans le grand Océan, dont la valeur compensait largement ce qu'elle avait perdu, et reconquis ainsi le rang de grande puissance, retrouvé richesses, activité, et des sources de force inépuisables. Mais son orgueil atteint, son honneur blessé, ne se montraient pas satisfaits, le traité de Francfort n'était pas oublié.

Le temps avait arrondi un peu les angles, le cri passionné de la revanche s'était apaisé, mais le désir de retrouver les provinces perdues veillait toujours au fond de l'âme populaire, et n'avait jamais cessé d'être le pivot de la politique française, quelle que fût le parti au pouvoir. Les espérances ont été refoulées pendant un certain temps et, suivant le mot de Gambetta, enveloppées du manteau du silence, mais jamais abandonnées. Dans les moments de calme, des forces actives se mettaient à l'œuvre pour ranimer le feu sacré et lui donner des aliments, sachant bien que chaque souffle de vent venu de l'extérieur l'aviverait et à l'heure dite enflammerait le sentiment national, si facilement excitable. Ce n'étaient pas seulement quelques pauvres esprits, des patriotes de carrière, des journalistes complaisants qui entretenaient l'agitation, mais aussi des hommes à la pensée élevée, des dirigeants officiels, des historiens sérieux, des maîtres estimés de la poésie. L'école, l'Académie, le clergé même, s'étaient mis au service de l'idée de revanche avec un zèle ardent. Des personnalités militaires, dont la voix se faisait entendre rarement, mais avait d'autant plus de poids, laissaient deviner que les armes destinées à réaliser ces aspirations étaient forgées. Elles ramèneraient les *provinces perdues* au sein de la mère patrie et reculeraient les frontières jusqu'au Rhin. « Le Rhin, écrivait l'officier d'état-major Mollard, n'est pas un fleuve allemand, il forme une frontière, il divise l'Europe occidentale en deux parties : la française, de l'Océan au Rhin, l'allemande du Rhin à l'Elbe. » De chaque côté de cette frontière, depuis deux mille ans, les Gaulois et les Germains s'affrontaient en ennemis. Nous étions ennemis mortels, nous le sommes et le resterons. Même les hommes d'une intelligence médiocre pouvaient se flatter de passionner la foule, en l'excitant à pousser, avec des gestes de menace à l'adresse de l'Allemagne, le cri d'*Alsace-Lorraine*. Les Boulanger et les Déroulède, qui prêchaient la guerre, l'ont prouvé. « *Le cœur de la France tressaillait, tout était prêt, elle avait une confiance absolue en ses chefs.* »

L'affaire Dreyfus a aussi démontré comment une trahison supposée, concernant des secrets militaires livrés à l'Allemagne, a tellement agité les passions qu'on put condamner un innocent. Des esprits élevés, comme Scheurer-Kestner et Zola, eurent le courage de protester contre ce qu'ils estimaient une erreur, mais sans succès. La lumière ne se fit pas dans tous les esprits. L'Allemagne resta l'ennemi, le guetteur intrigant et agressif, patiemment embusqué derrière le mur des Vosges, le malfaiteur qui, non content de sa victoire, pousse dans le dos de la France patiente *la botte ferrée de Bismarck*.

Cette conception de l'esprit national est compréhensible, même digne d'intérêt, au point de vue humain ; pour la politique, elle était une source inépuisable de soucis, de malaises, de troubles, de dangers de guerre. La plaie toujours vive née de l'humiliation de 1871, la soif de représailles, furent une force sans cesse active, que les hommes d'État ont stimulée et employée pour chercher au dehors un secours capable de combler les vides que creusait chaque année la diminution des naissances, pour établir une étroite union avec les puissances hostiles à l'Allemagne. Si la France impériale avait trouvé des soldats dans sa colonie algérienne, la République a eu, dans l'Afrique du Sud, et surtout le Sénégal, de précieuses réserves d'hommes pour la guerre, qui ont rempli, et au delà, son attente.

Pour les contrats d'alliances et les accords, qui devaient la protéger contre l'Allemagne et lui permettre de réaliser son espoir de revanche, la France utilisa adroitement, en ce qui concerne la Russie, toutes les possibilités. Le rapprochement, fait caractéristique, commença par la livraison d'armes et l'avance d'argent, *nervus rerum;* lorsque l'alliance fut conclue, annoncée à Cronstadt, fêtée à Moscou et à Paris, on put voir dans quel esprit la nation française saluait l'événement. Sa turbulence, le cri poussé dans tout le pays : *Vive l'Alsace-Lorraine!* ne laissaient pas de doute. L'alliance s'est resserrée dans le cours des années, par des accords militaires sur terre et sur mer et surtout deux ans avant la guerre mondiale, pendant le ministère Poincaré. Longtemps elle ne répondit pas aux désirs français. La politique russe montrait peu d'enthousiasme pour la question d'Alsace-Lorraine. On surmonta alors par une active propagande la vieille haine et on en arriva, après Fachoda, à conclure avec l'Angleterre l'Entente cordiale. Les principes fondamentaux de la politique anglaise s'opposant à une alliance, cette entente devint une amitié étroite, d'où partait une pointe dirigée contre l'Allemagne. Des conventions militaires furent établies, l'Entente cordiale se rapprochait beaucoup d'une alliance. Dans tous ces accords, la France ne cherchait qu'à préparer un terrain favorable pour le règlement final avec l'Allemagne. Si elle avait voulu la paix, elle l'aurait demandée à des relations de bon voisinage avec nous ; nous étions prêts, mais elle demeurait irréconciliable. Malgré des avances et des amabilités de notre part, même des efforts d'entente sur certains points, et des accords en commun sur des questions internationales d'intérêt général, malgré des périodes de calme, l'abîme restait ouvert. Il n'aurait pu être comblé que par notre abandon de l'Alsace-Lorraine ou un renoncement à une certaine partie de cette province.

La France était aussi notre adversaire sur le terrain économique. Elle se plaignait vivement que, grâce à l'essor de notre commerce, de notre industrie, aux ressources de notre ingéniosité, nous fussions arrivés à la supplanter sur d'anciennes places du marché mondial. Malgré toutes les mesures de protection, les difficultés de toute sorte, les marchandises et les entreprises allemandes,

résultat d'efforts laborieux, s'introduisaient
en France et dans les colonies françaises
avec une progression toujours croissante.
Troublé dans ses relations si faciles jusqu'alors, inquiet de la participation allemande à l'utilisation de la fortune française,
principalement dans les mines, le capitalisme
français usa de son influence puissante sur
l'opinion et les pouvoirs publics, pour résister à cette extension économique de l'Allemagne. Le nationalisme et le capitalisme
unis ont conduit la nation française sur
le chemin du règlement final et violent avec
l'Allemagne. On put cependant remarquer,
lors des élections du printemps de 1914, un
retour aux idées de paix, inspiré par la
conscience du poids écrasant de la loi du
service de trois ans. Il était trop tard, le
destin était en marche, les dirigeants étaient
engagés dans les mailles du filet des alliances
et des accords toujours plus étroits. Le feu,
tisonné par les illusions nationalistes, flam-
bait. Le peuple était prêt à prendre les armes
pour préserver le pays et la liberté de la
prétendue oppression allemande.

Avec notre voisin de l'Est, nous avions une vieille fraternité d'armes, basée sur des services mutuels et sur les relations cordiales des Cours. Lorsque le nationalisme russe, le panslavisme, devint puissant et poussa à la réalisation des visées traditionnelles de domination sur Constantinople et les détroits, il ne pardonna pas au Congrès de Berlin la destruction de son rêve. La pensée d'un rapprochement avec la France se fit jour. L'habileté politique d'un Bismarck permit, même avec le fait accompli de l'alliance austro-allemande, d'entretenir des relations amicales avec la Russie, mais le non-renouvellement du traité de contre-assurance leur donna le premier coup. Les suites immédiates furent l'alliance avec la France et aussi un changement important, et désavantageux pour nous, de la situation européenne. Grâce aux liens dynastiques, on put maintenir de bons rapports, aussi longtemps que les forces de l'empire russe trouvèrent un champ d'expansion dans l'Extrême-Orient. La guerre avec le Japon, la révolution intérieure, provoquèrent un affaiblissement de son effort et le dirigèrent à nouveau du côté de Constantinople. Sur ce chemin, elle rencontra d'abord l'Autriche-Hongrie, qui intensifiait son action dans les Balkans, puis l'Allemagne qui, dans son propre intérêt, soutenait son alliée, non pour l'exciter, mais pour la protéger, et avait aussi à défendre sa situation en Turquie. *Le chemin de Constantinople,* disait-on en Russie, *passe par Vienne et celui de Vienne par Berlin.* Des désaccords de plus en plus profonds se produisirent à mesure que se développait en Russie le sentiment nationaliste, appuyé par l'étranger, mais combattu par l'élément allemand des bons vieux temps, parti toujours influent. On se plaignait de la pression économique allemande et l'on se rapprochait des puissances de l'Ouest pour forcer l'Allemagne à plus de modération. La France donna à la Russie les moyens de préparer ses armements contre les puissances centrales et l'Angleterre se joignit à elle pour prendre une attitude solidaire.

À l'Ouest, comme à l'Est, s'étaient dressées des forces ennemies qui se montraient menaçantes et qui ne devaient pas tarder à attirer à elles une troisième puissance, l'Angleterre. Comme avec la Russie, des relations amicales nous liaient depuis de longues années avec la nation britannique. La parenté de sang des peuples et des maisons régnantes, l'identité de civilisation et de religion, la communauté d'armes éprouvée à Waterloo, des échanges commerciaux actifs et avantageux, y aidaient puissamment. C'est dans ce dernier domaine, où la suprématie était jalousement gardée par l'Angleterre, que se dessinèrent les premières difficultés. Nous avions organisé un système de protection douanière, qui avait servi à l'essor de notre vie économique, de notre commerce et de notre industrie. L'inquiétude des Anglais devint un profond souci, lorsque, grâce à nos efforts, nous pûmes devenir leurs concurrents sur le marché mondial, et lorsque s'ouvrit la possibilité de rattraper leur avance, sinon de la dépasser. Possesseurs d'un domaine colonial important, nous entrâmes dans la politique mondiale et pûmes songer à la construction d'une flotte dont la force et l'activité devinrent une source éternelle de défiance. Le gouvernement anglais se croyait visé dans la partie la plus vitale de sa position, la maîtrise des marchés, assurée depuis des siècles par un travail conscient du but, par des possessions coloniales, des points d'appui maritimes et une flotte d'une puissance incomparable ; l'Angleterre ne croyait pas seulement son activité commerciale remise en jeu par notre force navale mais aussi sa situation territoriale compromise. Le spectre d'un débarquement allemand apparut menaçant et l'on commença à se demander s'il ne serait pas prudent de s'opposer avec énergie à la construction de la flotte allemande, avant qu'une telle entreprise ne fût devenue dangereuse. Des voix retentissaient au delà de la mer du Nord. Elles disaient : « Nous sommes venus à bout d'une flotte, car nous avions lieu de croire qu'elle devait être employée pour nous nuire. » Des cercles responsables, s'échappaient ces paroles : « *Nous frapperons le premier coup, avant que l'autre parti ait eu le temps de lire dans les journaux que la guerre est déclarée.* » Comme ces menaces ne donnaient pas le succès escompté, qu'au contraire la construction de notre flotte suivait son cours, la Grande-Bretagne, pour maintenir sa supériorité, dut consentir de lourds sacrifices financiers, dure nécessité qui assombrit progressivement ses relations avec l'Allemagne.

D'après la théorie de l'équilibre européen, aucune puissance ne devait, sans la volonté de l'Angleterre, arriver à une suprématie. Elle ne pouvait donc pas voir d'un œil tranquille notre développement. Il nous créait la possibilité de battre la France, de la faire reculer si loin que nous puissions prendre pied sur la côte, et de là mettre le pistolet sur la gorge de l'Angleterre. Ces dangers entrevus firent qu'elle se soumit à des efforts militaires et financiers extrêmes, pour contraindre l'adversaire par intimidation ou écrasement. *Delenda Germania,* disait un dicton employé en Angleterre. Il est compréhensible que l'Angleterre, après l'incident du Soudan égyptien, terminé à son avantage, ait tendu la main à son adver-

saire séculaire, établi l'Entente cordiale,
qui entraîna son rapprochement avec la
Russie.

Si les accords entre la France, la Russie
et l'Angleterre, en ce qui concernait la coopération de cette dernière puissance, n'étaient
pas des alliances, ils les égalaient cependant
par l'esprit commun d'hostilité contre l'Allemagne, par l'étroite union des nouveaux
amis dans toutes les questions internationales
importantes, qui, en tout temps, pouvait
équivaloir à une convention revêtue des
sceaux officiels. Si l'on compte encore une
série d'accords dirigés contre l'Allemagne,
l'accord maritime entre l'Espagne et la
France, les efforts anglais, français et russes
pour obtenir et garder l'amitié italienne,
le rapprochement de la Russie et de la Rou-
manie, l'accord anglo-japonais, les accords
avec la Belgique, on voit l'envergure du
filet tendu d'alliances, d'amitiés, d'ententes,
qui représentaient ce qui fut désigné chez
nous par un mot bien approprié : *encerclement.*

Il s'était créé une situation qui poussait cet étranglement géographique jusqu'à l'étouffement, qui faisait de nos adversaires les observateurs de nos actes, de nos gestes, qui leur donnait la possibilité de contre-balancer les manifestations de notre activité nationale débordante, mais incommode pour eux, par tous les moyens, même par la force. Ils ont été soucieux de répéter énergiquement au monde qu'il ne s'agissait pas de mesures hostiles dirigées contre nous, mais de mesures de protection pour écarter les dangers menaçants créés par nous : tendance à la violence, à la mégalomanie, à l'hégémonie en Europe et, par suite, à la maîtrise dans le monde entier. La domination mondiale allemande ! Plus que toute autre accusation, celle-ci montre l'impuissance des nations à se comprendre. Pas un homme sensé, pas un esprit responsable, n'a songé en Allemagne à des fantaisies semblables : une expansion par la violence, la conquête du monde. Çà et là, quelques paroles fanfaronnes ont bien pu être prononcées, mais le ton en était plus fort que le sens ; quelques patriotes turbulents ont aussi émis des idées qui pouvaient être considérées comme l'expression des aspirations impérialistes, mais elles ne correspondaient pas au véritable sentiment du peuple allemand ni à celui des hommes qui dirigeaient les visées de la politique allemande, essentiellement pacifique et éloignée de tout emballement.

Ce que le peuple et le gouvernement voulaient, c'était la reconnaissance et le juste salaire de leurs efforts et de leur travail soutenu, une part dans les richesses du monde, appropriée à leur influence et à leur belle obstination, une place assurant au corps allemand, sans cesse grandissant, l'air suffisant et le libre mouvement de ses membres, non pas aux dépens des intérêts d'autres nations, mais en union loyale, sincère et pacifique avec elles. Nous ne voulions chasser personne de ses possessions, ni réduire aucun peuple en esclavage. Mais lorsque les flammes s'élevèrent au foyer où l'on avait amoncelé les matières inflammables, lorsqu'elles éclairèrent de leurs lueurs éclatantes l'immensité du danger, alors seulement notre volonté puissante s'est levée pour franchir le cercle oppresseur et briser à jamais les chaînes qui nous enserraient. Dans l'horreur de la guerre, sous la pression de nos ennemis hantés de l'espoir de nous anéantir, se sont élevées dans les cerveaux de nos chefs, grâce aux suggestions enivrantes de la victoire, des pensées dont l'essor se termina par une descente rapide de hauteurs gravies trop témérairement.

Il y a place ici pour cette question : dans quelle mesure et par quels moyens aurait-on pu agir contre cet *encerclement?*

En ce qui concerne la France, la presse, les considérations politiques, les affirmations des hommes d'État et des politiciens, les serments devant les statues de la ville de Strasbourg à Paris, de Jeanne d'Arc la Libératrice, les paroles prononcées par les généraux français, les princes russes, la direction fondamentale de la politique française, irréconciliable, ces faits parlaient haut et ne laissaient subsister aucun doute. Une amélioration durable de relations ne pouvait exister que lorsque nous aurions renoncé aux gains de 1871 et donné à l'orgueil national français blessé complète satisfaction. *Rendez-nous l'Alsace-Lorraine, alors nous serons les meilleurs amis de la terre,* me disait le président du Conseil Barthou quelques mois avant la guerre, avec une sincérité étonnante. Une concession d'une telle importance était inconcevable, inutile de le prouver. Chaque Allemand regardait comme un fait immuable l'annexion de l'Alsace-Lorraine à l'empire, pour des raisons historiques et des nécessités essentielles. Lorsque le temps aurait fait son œuvre, un jour serait venu peut-être où la possibilité, sinon de donner pleine satisfaction aux Français, du moins de les tranquilliser, aurait pu être envisagée. Et cela sous diverses formes : ou un échange, ou une rectification de frontière, ou l'autonomie complète de l'Alsace-Lorraine, ou l'établissement d'une zone neutre. C'était la pensée de nombreux Français, et non des moins autorisés, et qui aurait pu aider à combler le fossé. Mais l'heure de son développement et, par suite, de sa réalisation, n'avait pas sonné. Si le nombre de ceux qui pensaient à ce moyen pacifique et en parlaient dans leur cercle d'amis sûrs était important, restreint était celui des gens qui possédaient assez de courage et d'autorité pour s'en faire les défenseurs. Pas un homme responsable n'a prononcé une parole d'encouragement. L'a-t-il fait en silence, comme le cas de Caillaux le prouve? Il s'exposait à être regardé comme traître, calomnié, attaqué, ou, comme Jaurès, assassiné. Un gouvernement qui aurait garanti à l'Allemagne la possession de l'Alsace-Lorraine n'aurait pas vécu vingt-quatre heures.

Dans l'état des choses, nous n'aurions pu que signer certains accords sur des questions ne touchant pas à ces terrains brûlants, aplanir les voies pour d'autres conciliations, mais l'Alsace-Lorraine devait toujours rester le point délicat et épineux sur lequel nous ne pouvions discuter avec la France. L'œuvre d'apaisement par le temps aurait-elle fait de plus grands progrès si, de notre côté, nous n'avions pas empêché la cicatrisation de la blessure? C'est une autre question. Il ne faut pas oublier que nous n'avons pas toujours eu la main heureuse, la conduite des affaires dans l'empire ne fut pas toujours celle qui aurait pu aider à renouer les liens de bonnes relations avec la France. Des événements comme ceux de la visite de l'empereur à Tanger, la conférence d'Algésiras, imposée malgré la prévenance du président du Conseil Rouvier, qui sacrifia le ministre des Affaires étrangères Delcassé, et, en particulier, l'affaire d'Agadir, blessant profondément la fibre nationale de notre voisine, ont pu étouffer chez les Français les sentiments conciliants, donner au nationalisme de nouvelles forces et pousser la politique française à se rapprocher toujours de plus en plus de nos ennemis. Aucune des nations, avec qui et auprès de qui le sort nous destinait à vivre, ne demandait autant de précautions, de tact, de finesse, de soins dans l'emploi des moyens propres à faire vibrer les âmes, que la France, d'une si vive sensibilité, si ombrageuse sur le point d'honneur, surtout dans ses relations avec nous.

Des attentions appuyées, de la faiblesse n'étaient pas plus indiquées qu'une conduite trop ferme et despotique, mais, en toute évidence, il fallait de la loyauté, une attitude chevaleresque. « *Chez nous, on se salue de l'épée avant de se battre,* » me disait un ministre après Agadir.

Vis-à-vis de la Russie, nous ne nous trouvions pas dans une position qui offrît des possibilités de modifier sa politique dans un autre sens que celui qu'elle avait adopté. Si un maître de la haute politique, comme Bismarck, n'a pu empêcher la Russie d'emporter du Congrès de Berlin une désillusion d'où naquit l'idée d'un rapprochement avec la France, il ressort néanmoins qu'il dépendait de notre bonne volonté de contenter notre voisin russe. La situation, à ce moment, était telle que nous ne pouvions pas, par considération et amitié pour elle, changer nos relations, encore amicales dans ce temps, avec l'Angleterre, et encore moins abandonner les intérêts qui nous appelaient aux côtés de l'Autriche-Hongrie. Cependant, malgré notre alliance avec la monarchie danubienne, nos relations avec la Russie restèrent relativement bonnes jusqu'au jour où, ne voulant plus renouveler le traité de contre-assurance, nous lui permîmes de penser que nous ne considérions pas nos rapports avec elle d'aussi grand poids que l'amitié autrichienne. Quoique n'ayant pas de desseins hostiles contre notre voisin de l'est, notre manière de faire autorisa sa défiance et la conséquence fut un traité d'alliance avec la France. La Russie s'est vue forcée de regagner d'un côté ce qu'elle avait perdu de l'autre, bien que la forme républicaine, avec sa tendance démocratique française, lui fût moins sympathique que le sentiment monarchique et conservateur allemand. Aucune velléité agressive n'existait alors en Russie. On pensait, au contraire, que la nouvelle alliance avec la France tempérerait, chez cette dernière, le désir de revanche. Le gouvernement du tsar Alexandre III, réfléchi et pondéré, souhaitait la paix, le calme, et ne voulait pas se ruer dans une aventure pour la cause de l'Alsace-Lorraine, qui ne lui offrait qu'un intérêt minime. Sous Nicolas II, les forces expansives de l'empire prirent une grande liberté de mouvement, se dirigèrent vers l'Est et conduisirent à la guerre avec le Japon.

Dans cette circonstance, notre attitude bienveillante surpassa celle de l'alliée française. La Russie nous devait, de ce chef, de la reconnaissance et nous étions persuadés qu'après la guerre, nos relations avec elle s'amélioreraient, tandis que se refroidiraient celles qu'elle entretenait avec la France et dont elle retirait peu de profit. Mais le cours néfaste des événements, un motif plus fort que son devoir, jeta la Russie dans une nouvelle voie. Elle se sentait tellement affaiblie par sa défaite à l'est, par la révolution qui suivit, que pour longtemps elle allait être incapable de tenir tête à son adversaire en Asie, l'Angleterre, et qu'elle se vit obligée de se jeter dans ses bras. Elle avait besoin d'un allégement de ce côté, d'autant plus qu'après avoir été contrainte d'abandonner le but qu'elle poursuivait en Extrême-Orient, elle en convoitait un plus proche et plus précieux : Constantinople. Seules pouvaient l'aider les puissances qui ne considéraient pas le *statu quo* comme un dogme irréductible de leur politique, à l'exemple de l'Autriche-Hongrie et de l'Allemagne.

Nous ne pouvions empêcher ce déplacement de la situation européenne, cela aurait été la négation de nos propres forces vitales qui nous imposaient de défendre notre alliée l'Autriche-Hongrie et l'Orient turc contre les convoitises des puissances slaves. Pour les mêmes raisons, nous eûmes bientôt à agir, pendant la crise bosniaque, de concert avec la monarchie danubienne, et à faire front contre l'empire tsariste, pour préserver l'Autriche-Hongrie des assauts et des séductions qui venaient d'un autre côté. Il aurait certes été préférable que le baron Æhrenthal se départît de son attitude blessante pour la Russie dans l'annexion de la Bosnie et de l'Herzégovine, pour laquelle des nécessités urgentes n'existaient pas, et qu'il ne déchirât pas la trame tissée avec la Russie à Muersteg, dans l'accord des Balkans. Cela nous eût évité, soit de dénouer le nœud gordien, soit de le trancher, d'exciter ainsi les rancœurs de la Russie, de rompre notre ancienne amitié avec elle, toutes choses qui n'ont pas peu contribué à créer la situation d'où est sortie la tragédie de 1914.

En ce qui concerne l'Angleterre, nous aurions pu maintenir ou rétablir nos bons rapports, si nous avions dissipé les nuages qui causaient son mécontentement. Il eût fallu arrêter notre développement commercial et industriel, notre cabotage, réduire notre activité coloniale et l'extension de notre force militaire. Des tentatives tendant à surmonter ces difficultés par des ententes touchant les colonies, les zones d'influence, les constructions navales, n'ont pas manqué, et ont donné même un résultat satisfaisant un peu avant la guerre. Ces efforts auraientils pu être durables? La réponse paraît douteuse. Les inéluctables nécessités de la vie pressaient les peuples. Même, si nous étions arrivés à une diminution notable de nos armement maritimes, les contestations n'auraient pu disparaître. Les ramifications de la force nationale, qui, des deux côtés, s'étendaient au loin dans le monde, se seraient forcément croisées.

D'autres raisons que les facteurs économiques et militaires impressionnèrent défavorablement l'Angleterre contre nous; par exemple l'enthousiasme bruyant du peuple allemand pour les Boërs, la dépêche à Krüger, mais elles ne furent pas décisives pour déterminer un courant contre nous. Il est certain, par contre, qu'à côté des causes profondes qui dictaient la conduite de l'Angleterre, plusieurs paroles, plusieurs actes significatifs de notre part, se rapportant à la construction de notre flotte, ont contribué à donner de la valeur, de l'autre côté de la mer du Nord, à ces mots : *Delenda Germania*. Il est admissible aussi que nos relations avec l'Angleterre et les autres grandes puissances auraient été meilleures si nous n'avions pas rejeté péremptoirement et à plusieurs reprises, à la Haye, le projet de limitation des armements, avec une franchise qui fait plus honneur à notre loyauté qu'à notre habileté politique. Étant donné que le désarmement était une utopie, il aurait été plus ingénieux de laisser reconnaître cette vérité à la suite d'un examen commun, de ne pas répondre : *nous n'acceptons pas*, et de ne pas nous attirer le reproche d'avoir été les seuls à dédaigner ce moyen hasardeux d'écarter les dangers d'armements. Cette attitude nous attira une telle méfiance que des projets d'entente sur la construction des navires ne purent la désarmer et, de ce fait, avortèrent.

A côté des raisons profondes que je viens d'énumérer, si l'on passe aux causes qui ont directement contribué à la guerre, on ne peut méconnaître qu'elles résident dans l'imprudence et la légèreté de la Serbie. Comptant sur la bienveillance, sinon l'approbation et l'encouragement de la grande puissance slave, Belgrade semait, depuis des années, l'agitation dans les parties sud-est de la monarchie habsbourgeoise. Les moyens les plus douteux ne l'effrayaient pas, on y distinguait, au bout de ces agissements, les buts poursuivis : révolution, désunion, usurpation territoriale, enfin des dangers si pressants que la monarchie, après plusieurs avertissements restés infructueux, s'était vue dans la nécessité d'étouffer ces menées avec toute l'énergie possible. L'attentat de Serajevo était une conséquence de cette politique provocatrice de Belgrade. En présence de la monstruosité du crime, des expériences dé-

courageantes faites dans les circonstances
intérieures, il est compréhensible que le
gouvernement de Vienne ait pris la décision
de demander des réparations et des garanties
sûres et suffisantes pour éviter le retour
d'aussi criminels attentats. On reconnut
comme une obligation impérieuse, et indispensable d'exécuter le testament du baron
Æhrenthal, qui se résumait en quelques
mots : « *Il faudra une fois pour toutes mettre
fermement la main sur Belgrade et ne pas
tarder plus longtemps.* » Il n'était pas douteux
que le gouvernement russe, l'officiel défenseur de la Serbie et l'instigateur de la ligue
balkanique contre l'Autriche-Hongrie, s'opposerait à l'exécution de ce plan. Toutefois,
il était permis de se demander si le tsar,
personnellement, n'aurait pas la pensée d'user
de son influence pour désapprouver un attentat aussi effroyable que le meurtre de
Serajevo, résultat des menées serbes. Si
cela arrivait, les dirigeants, à Vienne et
Budapest, pensaient avoir d'autant plus de
raisons d'engager la lutte *pour être ou ne pas
être*, que ne pas poursuivre immédiatement

le but ne ferait que reculer le combat, qui
se déroulerait peut-être par la suite dans
des conditions moins favorables, marquées
par l'affaiblissement de l'Autriche-Hongrie
et le renforcement de ses adversaires.

Un retour en arrière ne pouvait plus se
produire, la situation de la monarchie, en
raison des troubles intérieurs, soutenus par
l'étranger, était telle que sa chute était
devenue inévitable si elle ne se décidait pas
sur-le-champ à anéantir les forces destructives. Des vues profondes et sérieuses avaient
été échangées pour savoir jusqu'à quel point,
dans quelle mesure et sur quel ton l'on exi-
gerait des compensations et des garanties de
la Serbie. Devait-on faciliter la soumission
et les concessions des Serbes ou, par de dures
conditions, leur infliger une humiliation
salutaire? Provoquerait-on une rupture qui
laisserait à la monarchie les mains libres pour
se délivrer de l'étranglement slave? Contre
la première manière, s'élevait cette objec-
tion que la racine du mal ne serait pas ex-
tirpée; contre la seconde, qu'elle conduirait
à de longues discussions et à des immixtions

de l'extérieur, qu'une lutte dure et pleine de sacrifices, dont l'extension ne pouvait être prévue, en serait la conséquence. Après quelques hésitations, prévalut cette opinion que les exigences iraient si loin et seraient formulées d'une façon si impérative que la Serbie devrait, au prix de sa souveraineté, du complet abandon de ses buts politiques et de ses relations et conventions tacites avec la Russie, se plier humblement à la volonté de la monarchie habsbourgeoise ou bien, par le rejet des conditions, rompre définitivement. La note au gouvernement de Belgrade fut rédigée sur un ton tel qu'on n'aurait pu l'imaginer plus dure. Un marchandage et un atermoiement n'étaient pas possibles. Mais, sur un point important, le gouvernement de Vienne fut catégorique. Sous aucun prétexte, l'action contre la Serbie ne serait une conquête, ni ne dépasserait les limites d'une action en réparation.

Le cabinet de Vienne ne s'était pas résolu à un pas aussi dangereux par ses conséquences sans en avoir pesé avec nous la portée et s'être assuré de notre assentiment et de notre appui, comme cela est naturel entre alliés. Nous n'avons pas cru devoir le lui refuser dans l'assurance qu'il ne s'agissait pas de conquête, mais d'expiation, de dangers qui ne mettaient pas seulement en cours l'existence de notre alliée, mais aussi la nôtre. Si les risques devenaient plus menaçants, si la monarchie se morcelait sous l'influence et l'attaque des États slaves réunis, elle n'aurait plus eu la force d'être pour nous une alliée précieuse. Nous étions seuls, livrés au bon plaisir d'un concert écrasant de nations ennemies, l'Italie ne tenant plus à l'alliance. Il fallait aussi compter avec cette éventualité que la Russie viendrait au secours de sa protégée. La Russie n'était plus celle des temps de la crise bosniaque, elle était prête au combat et ne se laisserait pas imposer une nouvelle défaite diplomatique, mais on pouvait présumer qu'en raison de l'origine du conflit, qui était un assassinat, elle n'y prendrait pas part. On n'osait penser qu'un empire si imprégné de sentiments dynastiques pourrait donner son appui à un pays qui avait tracé les lignes de son histoire avec le sang des princes et des rois, chez elle comme à l'étranger. Si pourtant cela arrivait, il fallait envisager une telle volonté hostile ; la situation serait d'une telle gravité que, pour faire face au péril, nous ne pouvions nous fier qu'à une action énergique de nos forces réunies. Notre conduite devait être ainsi définie : nous serions fidèlement aux côtés de notre alliée, nous nous opposerions à toute immixtion étrangère, à toute intervention regrettable. Nous avons sans retard fait dans ce sens une déclaration aux puissances ; elles ne pouvaient, en raison des causes du conflit, qu'approuver l'acte de notre alliée, nous empêcherions toute ingérence et, pour éviter de fâcheuses complications, nous espérions qu'elles adopteraient la même attitude.

Ce projet, conçu avec la volonté de localiser le conflit, pouvait ainsi se recommander de l'idée d'obtenir les éclaircissements désirés et de montrer une voie praticable pour le maintien de la paix. Son succès ne fut cependant pas satisfaisant. Le projet de localisation fut accepté à Londres et à

Paris, mais le reste de notre communication ne suscita que méfiance et suspicion. A Paris, on était même prêt à l'interpréter comme la preuve d'un pacte conclu perfidement entre Vienne et Berlin contre la paix européenne et à y voir, moins un symptôme d'apaisement qu'une perspective de guerre. A Pétersbourg, elle se croisa avec la déclaration enveloppée, mais menaçante, que la Russie ne pouvait être indifférente, affirmation soulignée aussitôt par des préparatifs militaires. La France et la Russie étaient décidées à entrer dans le conflit, qui sortit ainsi des limites étroites des deux États et pénétra dans la sphère vaste et périlleuse des grandes influences européennes. La Russie ne craignit pas de jeter sa force dans la balance, en faveur d'une politique de meurtre et de provocation, de protéger la Serbie, sans prêter attention à l'assurance, donnée par le gouvernement de Vienne, qu'il ne recherchait pas une conquête, mais une compensation et des garanties.

L'Angleterre voulut s'entremettre, mais elle n'avait plus, comme autrefois, la main

heureuse. Sir Edward Grey n'avait pu
douter que son projet de délibérations et de
conversations entre les puissances non directement intéressées ne fût difficilement réa-
lisable, car il se trouvait opposé au principe
fondamental posé par nous : éviter les
immixtions étrangères. Après l'échec de
l'essai de localisation et l'attitude menaçante de la Russie, notre opinion, justifiée
par les événements écoulés, était que Saint-
Pétersbourg devait être le point de concentration de nos efforts pour le maintien de
la paix. Notre appel resta sans écho, la
France demeura indécise, pour ne pas dire
hostile. Cependant, dans notre désir sincère d'éviter un parti extrême, nous avons
agi avec zèle et employé tous les moyens
efficaces, allant même jusqu'à exercer avec
succès une forte pression sur notre alliée;
mais les hésitations de Vienne, la résistance
de la Russie, qui comptait sur le secours
de l'Angleterre et son intervention, sa mobilisation contre l'Autriche-Hongrie rendirent
vains tous nos efforts. La Russie ne s'arrêta
pas. Malgré nos essais d'intervention, encore

en cours, malgré notre adjuration la plus pressante de ne pas déchaîner la guerre européenne, elle fit le geste fatal : la mobilisation contre l'Allemagne, une menace et une provocation auxquelles nous répondîmes tout d'abord par un ultimatum, resté sans effet, puis par la déclaration de guerre. Les événements s'étaient tellement précipités qu'une nouvelle tentative anglaise d'arrêter partout les mesures militaires n'eut pas plus de succès qu'une invitation du tsar tendant à en appeler à une juridiction arbitrale. Comme la France n'avait pas accepté notre proposition de neutralité, qu'elle complétait ses préparatifs militaires déjà en cours, dans une large mesure, par la mobilisation et la concentration de ses troupes, nous nous vîmes contraints de lui déclarer la guerre. L'Angleterre donnait comme prétexte de rupture notre entrée en Belgique.

Parmi les événements des jours critiques de juillet, il faut signaler comme défavorables le manque de préparation de l'Autriche-Hongrie, ses hésitations dans ses préparatifs militaires. Si la monarchie avait été en état de répondre au rejet de l'ultimatum par une entrée en Serbie et l'occupation de Belgrade, l'espoir d'une limitation du conflit aurait pu exister. La monarchie habsbourgeoise aurait gagné en considération, les Serbes et leurs instigateurs compris qu'elle voulait et pouvait défendre seule sa dignité et le comte Berchtold n'aurait pas été dans l'obligation d'opposer au projet Grey cette réserve que l'action militaire contre la Serbie devait tout d'abord suivre son cours. Cette restriction a créé de la défiance et contribué à l'impossibilité d'une entente sur la limitation du conflit.

Les causes éloignées de la guerre sont à rechercher beaucoup plus loin : l'histoire nous les indique. Elles ont leur source dans le penchant des nations à s'assurer un domaine, une puissance en rapport avec les aspirations nationales qui varient suivant le caractère, le passé et les influences morales et se manifestent sous la forme de l'impérialisme, du nationalisme, du panslavisme, du militarisme ou du capitalisme. Tous ces appétits de domination méritent plus ou moins

l'accusation de chercher le bonheur des
diverses nationalités dans l'emploi de la
force. On a reconnu que ces mentalités
opposées, une fois abandonnées à leur impulsion, menaçaient de s'entre-choquer violemment. Des efforts pour empêcher la
catastrophe ont été tentés, quelquefois avec
succès, mais, dans leur ensemble, sont restés
vains, soit que les forces destructives aient
été plus puissantes que les forces créatrices,
soit que les véritables voies pour préserver
du mal n'aient pas été suivies. C'est là le
point où toutes les puissances qui ont été
entraînées dans les conflits armés, l'Allemagne comprise, sont plus ou moins gravement coupables. La Russie, cela est évident,
doit supporter la plus grande part de responsabilité. Elle voulait la guerre et l'a faite
parce qu'elle lui était nécessaire. Elle lui
apparaissait comme le seul moyen de créer
une diversion aux troubles intérieurs. Les
néoslavistes s'en promettaient la réalisation
de leurs plans ; les socialistes, l'abolition du
tsarisme. La Russie était, grâce aux encoura-
gements et à l'aide financière de la France,

tout à fait prête, bien avant que le *hasard* de Serajevo eût lieu. « *Il n'y a pas de hasard, et précisément ce qui nous paraît fortuit, aveugle, sort des sources les plus profondes.* » Dans le cas présent, c'était une source russe, très russe, malgré la consonance allemande du nom : *Hartwig*. Cet homme, l'âme des menées russo-serbes dirigées contre l'Autriche-Hongrie, n'a pas survécu à son œuvre néfaste, heureusement pour lui, malheureusement pour son pays, malheureusement pour le monde. Après avoir allumé le foyer de discorde, la Russie, par son attitude officielle, mérita un autre reproche. Elle paralysa les efforts tentés pour éteindre l'incendie fatal, couvrit un assassinat politique et tira l'épée.

La France aida la Russie. Depuis des années, elle forgeait constamment des armes pour nous combattre, des armes d'or, des armes d'airain, des armes morales. En plus des conventions étroites, établies pour les cas d'agression sur terre et sur mer, elle faisait, peu avant la guerre, un appel pressant à l'ami anglais. Dans les jours critiques, après l'attentat de Serajevo, on ne

releva pas un seul geste de sa part pour conjurer le danger ; au contraire, rien que des
assurances répétées de secours à la Russie.
Aucun raisonnement, aucune affirmation,
quelle que soit leur valeur, ne peuvent prouver
que les dirigeants français aient, dans la
période de tension extrême, tenté de détourner leurs alliés d'une aventure tragique.
Malgré nos prières instantes et renouvelées,
pas un mot ne fut dit à Saint-Pétersbourg
pour éviter la mobilisation, mais, par contre,
un encouragement à la guerre fut donné par
l'assurance que l'Angleterre prêterait assistance. De plus, des préparatifs militaires importants et prématurés, des refus de neutralité, et tout cela couvert du vain prétexte
d'une défiance arbitraire, d'accusations tendant à nous désigner comme des instigateurs
de la guerre, des faux témoignages invo-
qués à l'encontre de nos alliés, nous représentant comme des fauteurs de trouble, les
provocateurs de la France pacifique, enfin
les auteurs responsables de la rupture, in-
ventant, de même qu'à Ems en 1870, l'argument grotesque et inavouable d'une pré-

tendue offense personnelle à un ambassadeur.

En ce qui concerne l'Angleterre, on pouvait relever une longue préméditation d'intervention agressive : accords militaires avec la France et la Belgique, et, à la dernière heure, avec la Russie. Pendant les jours critiques, elle ne manifesta aucune activité spontanée pour le maintien de la paix. Elle aurait pu agir à Saint-Pétersbourg, mais elle n'offrit qu'une suite de projets de médiation et d'affirmations claires et évidentes qui la montraient prête à secourir ses amis.

La responsabilité de l'Autriche-Hongrie saute aux yeux. Au lieu d'essayer une entente avec l'empire tsariste, son rival pour la maîtrise dans les Balkans, elle fit entendre le cliquetis de son sabre et du nôtre, d'abord pendant la crise d'annexion, puis à Serajevo. Ajoutez à cela une impuissance d'agir à l'intérieur, une confiance exagérée en sa propre force, et une tendance à sous-estimer les forces adverses, puis l'ultimatum allant au delà du but et atteignant, par-dessus la Serbie, la Russie ; enfin, en tout, un manque de clarté, de franchise et de décision.

Quant à l'Allemagne, ses ennemis de l'extérieur, et aussi ceux de l'intérieur, les adversaires du parti tout-puissant avant la guerre, maintenant écarté du pouvoir, nous accusaient, en général, d'avoir adopté une direction s'appuyant plus sur la force que sur le droit, de manifester un militarisme présomptueux, prompt à se répandre en actes et en mots blessants. Nos ennemis, il est à peine besoin de le faire remarquer, ont péché autant que nous sur ces points. Au moment de la rupture, on peut retenir trois faits essentiels : la participation à l'ultimatum à la Serbie ; la déclaration de guerre à la Russie ; l'invasion de la Belgique. Le gouvernement allemand n'a jamais nié sa responsabilité pour la note à la Serbie. Elle était admise et reconnue dans la communication aux puissances, par laquelle nous approuvions le geste de notre alliée et en expliquions les causes et les raisons.

Ainsi, perd en importance la question si discutée de savoir si l'Allemagne eut connaissance du texte de l'ultimatum, rédigé en dernière heure à Vienne. Notre gouverne-

ment l'a toujours nié. La fragilité d'une
affirmation contraire se trouve prouvée par
le fait que la souveraineté de notre alliée
exigeait l'abandon du choix des moyens
pour mener ses décisions à bonne fin. En
admettant même notre part de responsabilité
comme une complicité, ce qui n'est pas fondé,
car nous avions entière confiance dans la
modération de notre alliée, notre faute n'est
pas amoindrie par l'ignorance des termes de
l'ultimatum. Il aurait pu se trouver une
possibilité de voir exactement le but visé
par la flèche de l'Autriche-Hongrie, avant
qu'elle ne tendît son arc. Le gouvernement
de Vienne commit une omission regrettable
en ne nous fournissant pas cette occasion.
Toutefois, le gouvernement allemand peut
faire valoir en sa faveur ses efforts zélés et
sa conduite loyale pour la localisation du
conflit, ses conseils de modération à Vienne,
allant jusqu'à la pression.

Un jugement est plus difficile à porter
sur le deuxième point : était-il indispensable
de répondre de suite à la mobilisation russe
par un ultimatum et au rejet de l'ultimatum

par la déclaration de guerre? Certainement, une action moins brutale et moins prompte aurait donné le temps de mettre en œuvre le projet anglais sur l'arrêt général des mesures militaires, et d'entamer des négociations entre Vienne et Saint-Pétersbourg. Pour admettre une telle attitude, accepter les préparatifs russes menaçants pour nous, restreindre les nôtres, il aurait fallu de notre part un optimisme extraordinaire, qui nous aurait permis de croire que la Russie n'irait pas de l'épaisseur d'un cheveu au delà de la mobilisation. Les tristes expériences faites ne pouvaient nous inspirer la confiance nécessaire, même dans la parole du tsar. Les faits avaient démontré que nos craintes étaient fondées et que tout retard en regard des préparatifs russes sur terre et sur mer deviendrait irrémédiable et funeste pour nos intérêts. Les maîtres de notre destin ne pouvaient qu'opposer à la puissance russe menaçante une exécution de mesures plus rapides. Le cours fatal des choses était devenu irrésistible, la mobilisation russe faisait passer la décision des mains des diplomates dans celles de l'autorité militaire.

Tout autre est la question de l'invasion de la Belgique. Cette décision était due à une conception stratégique qui négligeait les considérations politiques. On voulait, en traversant la Belgique, frapper un coup de flanc sur le côté le plus faible de la position française et l'utiliser pour une défaite écrasante. Après cette entreprise heureuse à l'Ouest, on porterait toutes ses forces à l'Est, pour les opposer à la puissance russe, si lente à se mettre en mouvement. Ce calcul s'est révélé faux. Les Russes, comme le prouva l'invasion de la Prusse orientale, furent plus rapidement prêts qu'on ne l'avait prévu. D'autre part, l'armée française, repoussée tout d'abord, put cependant, soit par ses propres forces, soit avec l'aide anglaise, marquer l'arrêt et frapper un contre-coup très fort et couronné de succès. Cette orientation des premiers événements de guerre a conduit certains critiques à formuler l'opinion qu'il aurait été plus sage de garder vis-à-vis de la France une attitude défensive, et de porter notre grand effort à l'Est.

Une telle manière d'agir aurait répondu à
la juste compréhension psychologique de la
nation française, qui se serait difficilement
décidée à une offensive sur notre front en
faveur de la Russie, mais qui se leva avec
un enthousiasme, un esprit de sacrifice, un
dévouement surpassant toute attente, contre
l'envahisseur de son pays.

Une conséquence grave de notre entrée en
Belgique fut de décider l'Angleterre à entrer
dans l'arène et à déployer une force qui dépassa toutes les prévisions, basées cependant
sur des principes fondamentaux que l'on
considérait comme infaillibles. L'invasion
de la Belgique ne fut pas seulement une faute
stratégique et politique, mais aussi, comme
nous dûmes l'avouer, un attentat à l'indépendance d'un peuple, et cela malgré la
nécessité, malgré la preuve, acquise postérieurement, que la Belgique, en prévision
d'une avance allemande, avait pris des enga-
ments avec les puissances de l'Entente. Cette
lourde faute contre le droit et l'honneur nous
a ravi l'estime du monde et a fourni à nos
ennemis des armes avec lesquelles ils nous

ont combattus aussi efficacement qu'avec leurs forces militaires. Les duretés de la guerre et de l'occupation ont contribué ensuite à attiser la haine. Porter victorieusement la guerre en territoire ennemi peut correspondre à une loi militaire fondée, mais opprimer un pays faible, protégé par des traités sacrés, c'est contraindre la conscience mondiale à s'élever et à réclamer un châtiment. L'Allemagne aura à porter le poids écrasant de cette iniquité et à en souffrir pendant des générations.

En résumé, l'Allemagne n'est pas exempte de culpabilité, mais non pas dans l'exacte mesure où l'on veut la charger. Elle s'est trompée, elle a commis des fautes, moins par mauvais vouloir que par manque de direction sûre dans les détours de la grande politique. Elle a admis, comme les autres puissances, la possibilité de complications militaires et s'est armée en conséquence, mais elle n'a pas cherché la Grande Guerre, elle n'a pas travaillé avec préméditation dans ce but, comme nos adversaires veulent le faire croire. La nation allemande n'a eu des velléités belliqueuses que lorsque la porte de Janus eut été ouverte par d'autres puissances et lorsqu'elle dut reconnaître qu'il lui fallait combattre pour *être ou ne pas être.* Elle a été « l'agresseur » dans la forme extérieure, mais non dans sa volonté intime. La guerre n'est pas sortie du cerveau d'un chef d'État, ni du vouloir ardent d'une seule nation. Elle fut le résultat néfaste des inimitiés des puissances, la conclusion logique des mésintelligences issues de la vie et de la nature même des peuples, à qui il a manqué, pour ramener un équilibre pacifique, un maître clairvoyant et indiscuté.

FIN

TABLE DES MATIÈRES

CHAPITRE PREMIER

MON AMBASSADE A COPENHAGUE

Mes débuts dans la diplomatie. — Ambassadeur à Copenhague. — Froides relations avec le Danemark. — Revirement. — Visite de Guillaume II. — Le duc de Cumberland s'esquive. — Deuxième visite de l'empereur ; accord de Björkö. — L'orientation de la politique danoise. — Voyage du kaiser dans la Méditerranée. — Tanger. — Discours de Guillaume II. — A Lisbonne. — Son passage à Naples et à Corfou

CHAPITRE II

MON AMBASSADE A SAINT-PÉTERSBOURG.

Belle confiance du tsar. — La conférence d'Algésiras — Deuxième conférence de La Haye. — Rapprochement anglo-russe. — Une conversation avec

CHAPITRE III

JE SUIS SECRÉTAIRE D'ÉTAT
AUX AFFAIRES ÉTRANGÈRES

CHAPITRE IV

MON AMBASSADE A PARIS

CHAPITRE V

LES RESPONSABILITÉS DE LA GUERRE